Compañeros

CURSO DE ESPAÑOL

LIBRO DEL ALUMNO
Nivel 1

**Francisca Castro
Ignacio Rodero
Carmen Sardinero**

Primera edición, 2008
Segunda edición, 2009
Tercera edición, 2009
Cuarta edición, 2010

Produce: SGEL – Educación
Avda. Valdelaparra, 29
28108 Alcobendas (MADRID)

© Francisca Castro, Ignacio Rodero, Carmen Sardinero

© Sociedad General Española de Librería, S. A., 2008
   Avda. Valdelaparra, 29, 28108 Alcobendas (MADRID)

Diseño de cubierta: Ignacio Rodero Sardinero
Maquetación y diseño de interior: Verónica Sosa y Leticia Delgado
Ilustraciones: Ángeles Peinador
Fotografías: Archivo SGEL, Getty Images, Cordon Press, S. L., Firofoto S. L.

ISBN: 978-84-9778-520-4 (versión internacional)
      978-84-9778-517-4 (versión Brasil)
Depósito legal: M-3 016 0-2010
Printed in Spain – Impreso en España

Impresión: Gráficas Rógar, S. A.

Queda prohibida, salvo excepción prevista en la Ley, cualquier forma de reproducción, distribución, comunicación pública y transformación de esta obra sin contar con la autorización de los titulares de la propiedad intelectual. La infracción de los derechos mencionados puede ser constitutiva de delito contra la propiedad intelectual (Art. 270 y ss. Código Penal). El Centro Español de Derechos Reprográficos (www.cedro.org) vela por el respeto de los citados derechos.

COMPAÑEROS es un curso de español dirigido a estudiantes de entre 11/12 y 14/15 años. El currículo de este curso, elaborado por profesores con gran experiencia en la enseñanza de idiomas a jóvenes estudiantes, sigue las recomendaciones metodológicas y los niveles establecidos por el Marco Común Europeo de Referencia (MCER). Está estructurado en unidades que siguen una progresión lógica de presentación y práctica de la lengua.

Cada unidad del **LIBRO DEL ALUMNO** consta de 8 páginas distribuidas de la siguiente manera:

→ Dos páginas de **VOCABULARIO** en las que se presenta y trabaja el léxico de la unidad, considerando el importante papel que este juega en los estadios del aprendizaje.

→ Dos páginas de **GRAMÁTICA** en las que se introducen y practican una o dos estructuras gramaticales en frases y textos breves.

→ Dos páginas de **COMUNICACIÓN** con modelos de conversaciones contextualizadas en situaciones cotidianas de los niños de su edad y actividades comunicativas de práctica.

→ Una página de **DESTREZAS** con actividades variadas que integran las distintas destrezas lingüísticas.

→ Una página de **REFLEXIÓN Y EVALUACIÓN** cuyo objetivo es revisar las competencias gramaticales y léxicas aprendidas en la unidad.

Cada lección cuenta además con los apartados: **PARA APRENDER**, que muestra al alumno algunas estrategias que le servirán a lo largo de su aprendizaje; *Pronunciación y ortografía*, que se centra en los principales escollos con que se enfrentan los alumnos al aprender el sistema fonético español.

Asimismo, cada tres unidades, se incluye un **PROYECTO**, imprescindible para revisar e integrar todo lo aprendido en las unidades previas. Junto a él aparece una lista de descriptores extraídos del **PORTFOLIO** con el fin de ayudar a los profesores y alumnos en el seguimiento y autoevaluación de su proceso de aprendizaje.

El libro se complementa con un resumen gramatical y un apartado de verbos conjugados.

🎧 El libro del alumno se acompaña de un CD que incluye los audios de las actividades, tanto del libro del alumno como del cuaderno de ejercicios.

CONTENIDOS

UNIDAD/ PÁGINA	VOCABULARIO	GRAMÁTICA	COMUNICACIÓN	DESTREZAS
1 PÁG. 6	**¡Hola!** → Objetos de clase → Nombres de las letras → El español en España	→ Verbo *ser* (formas singulares) → Artículos *el/la* → Masculino y femenino → Colores **PRONUNCIACIÓN Y ORTOGRAFÍA** La *'h'* **PARA APRENDER** Recursos para la clase	→ *Hola, ¿qué tal?* → *¿Cómo te llamas?* → *¿Cuántos años tienes?* → *¿Cuál es tu número de teléfono?* → Números del 1 al 20	→ Mis compañeros de clase
		REFLEXIÓN Y EVALUACIÓN		
2 PÁG. 14	**Países de habla hispana** → Países → Adjetivos de nacionalidad → Días de la semana → Números ordinales → Asignaturas	→ Verbo *ser* (formas plurales) → Plural de nombres y adjetivos → Demostrativos **PARA APRENDER** Uso de las mayúsculas	→ *Buenos días / Buenas tardes* → *¿De dónde eres?* → *¿Dónde vives?* → *Este/a es...* → *¿Vamos a...?* → Números del 21 al 100 **PRONUNCIACIÓN Y ORTOGRAFÍA** Las vocales: *a, e, i, o, u*	→ Una carta de presentación personal
		REFLEXIÓN Y EVALUACIÓN		
3 PÁG. 22	**La familia** → Parientes	→ Presente de los verbos regulares → Verbo *tener* → Adjetivos posesivos **PARA APRENDER** Hacer un cuaderno de vocabulario	→ Presentar a alguien → Hablar de la familia → *¿Qué hora es?* **PRONUNCIACIÓN Y ORTOGRAFÍA** La /θ/: *za, zo, zu, ce, ci*	→ Respuesta a la carta de la unidad 2 → Escuchar la programación de la televisión
		REFLEXIÓN Y EVALUACIÓN		
30	**LIBRO DE FAMILIA**	**PROYECTO 1 y PORTFOLIO**		
4 PÁG. 32	**Comidas y bebidas** → Alimentos → Comidas preparadas	→ Verbo *querer* → Artículos indeterminados *un/una / unos/unas* → Nombres contables e incontables → Verbo *gustar* **PARA APRENDER** Organizar el léxico	→ Ofrecer: *¿Quieres...?* → Las cosas que nos gustan y las que no nos gustan **PRONUNCIACIÓN Y ORTOGRAFÍA** La /r/ y la /r̄/	→ Comer en España: primer plato, segundo plato, postre
		REFLEXIÓN Y EVALUACIÓN		
5 PÁG. 40	**¿Dónde están las llaves?** → Nombre de las partes de la casa y mobiliario → Adjetivos descriptivos **PARA APRENDER** Serie de palabras	→ Verbo *estar* → Preposiciones de lugar: *encima / debajo / delante / detrás / al lado* → Oposición *ser / estar*	→ Ubicación de objetos y personas: *¿Dónde está...?* → Descripción de la casa y de objetos: *¿Cómo es...?* **PRONUNCIACIÓN Y ORTOGRAFÍA** La /x/: *ja, je, ji, jo, ju, ge, gi*	→ ¿Cómo es la casa de tus sueños?
		REFLEXIÓN Y EVALUACIÓN		

UNIDAD/PÁGINA	VOCABULARIO	GRAMÁTICA	COMUNICACIÓN	DESTREZAS
6 PÁG. 48	**¿a dónde vas?** → Establecimientos: *cine / restaurante / farmacia...* → Preposiciones de lugar: *enfrente / cerca / entre / a la derecha...* → Profesiones y lugares de trabajo	→ Presente de los verbos irregulares: *cerrar / ir / venir* → Imperativo **PARA APRENDER** Análisis de errores	→ ¿A dónde vas? → Horarios: ¿A qué hora...? → ¿Cómo vas a clase? **PRONUNCIACIÓN Y ORTOGRAFÍA** La 'b' = 'v'	→ Madrid → El barrio de mis sueños
		REFLEXIÓN Y EVALUACIÓN		
56	**un folleto turístico**	PROYECTO 2 y PORTFOLIO		
7 PÁG. 58	**hábitos** → Meses del año → Animales domésticos y salvajes	→ Verbos reflexivos: *ducharse / lavarse...* → Oposición *salir / volver* → Preposiciones: *a / de / por / con* **PARA APRENDER** Signos de puntuación	→ ¿A qué hora te levantas? **PRONUNCIACIÓN Y ORTOGRAFÍA** Entonación interrogativa y exclamativa	→ La rutina del cuidador de zoo → Osos panda en Madrid
		REFLEXIÓN Y EVALUACIÓN		
8 PÁG. 66	**descripciones** → El cuerpo humano → Práctica del *surf*	→ Verbo *doler: Me duele/n la cabeza/los pies* → Verbos *doler* y *gustar* → *Muy / mucho/a/os/as* **PARA APRENDER** Abreviaturas de los diccionarios	→ Descripción de personajes: ¿Cómo es...? **PRONUNCIACIÓN Y ORTOGRAFÍA** La /k/: ca, co, cu, que, qui	→ La pandilla de Marta
		REFLEXIÓN Y EVALUACIÓN		
9 PÁG. 74	**la ropa** → Ropa	→ Pretérito indefinido de *ir* y *estar* → Marcadores temporales del pasado → Interrogativos: *dónde / qué / cuándo / quién* **PARA APRENDER** Análisis de errores	→ ¿A qué hora quedamos? → ¿Te gusta mi falda? → ¿Dónde estuviste? → ¿Con quién fuiste? **PRONUNCIACIÓN Y ORTOGRAFÍA** Acentuación: agudas, llanas, esdrújulas	→ Segovia: Patrimonio de la Humanidad
		REFLEXIÓN Y EVALUACIÓN		
82	**¿cómo vamos vestidos?**	PROYECTO 3 y PORTFOLIO		
84	**RESUMEN GRAMATICAL**			
89	**TRANSCRIPCIONES**			
99	ALGO + Actividades de gramática y vocabulario.			

1

¡HOLA!

1 Relaciona las palabras con las fotos.

- a el lápiz — ⑨
- b la regla — ☐
- c la cartera — ②
- d el borrador — ☐
- e la mesa — ☐
- f la pizarra — ⑦
- g el bolígrafo — ☐
- h el diccionario — ☐
- i la silla — ☐
- j el libro — ☐

2 Pregunta y contesta a tu compañero sobre los distintos objetos del ejercicio 1, como en el ejemplo.

- ● ¿Me dejas el borrador?
- ■ Sí, toma.
- ● Gracias.

3 Escucha y repite el abecedario.

4 Pregunta y contesta a tu compañero, como en el ejemplo.

- ● ¿Cómo te llamas?
- ■ Patricia
- ● ¿Cómo se escribe?
- ■ P-A-T-R-I-C-I-A

→ Objetos de clase
→ Nombres de las letras → El español en España

VOCABULARIO

5 Escucha y completa. **2**

- ¿Cómo te llamas?
- Jesús [1] ____ iménez.
- ¿Con **g** o con **j**?
- Con [2] ____.

- ¿Cómo te llamas?
- Pedro Ál[3] ____ arez.
- ¿Con **b** o con **v**?
- Con [4] ____.

- ¿Cómo te llamas?
- Elena [5] ____ aro.
- ¿Con **h** o sin ella?
- [6] _____.

6 Juega con tu compañero al «Veo, veo».

- Veo, veo.
- ¿Qué ves?
- Una cosita.
- ¿Con qué letrita?
- Con la **l**.
- Libro.
- No.
- Lápiz.
- Sí. Ahora tú.

El español en España

7 Lee el texto y completa el mapa con los nombres de las ciudades.

El español es la lengua oficial de España. Madrid es la capital y está en el centro del país. Otras ciudades importantes son: Barcelona, en el este; Sevilla, en el sur; Bilbao, en el norte, y La Coruña, en el oeste.

8 Lee y escucha a Daniel y a Beatriz. **3**

¡Hola! Me llamo Daniel y tengo 12 años. Soy de Sevilla, en el sur de España. Mi padre es mecánico y mi madre es camarera.

¡Hola!, ¿qué tal? Me llamo Beatriz y tengo 13 años. Soy de Barcelona, junto al mar Mediterráneo. Mi hermano Juan tiene ocho años y es muy buen estudiante.

9 Contesta las preguntas.

1 ¿Quién tiene ocho años?
2 ¿Quién es sevillano?
3 ¿Quién es buen estudiante?
4 ¿Cuántos años tiene Beatriz?
5 ¿Cuántos años tiene Daniel?

siete

1
→ Verbo *ser* (formas singulares) → Artículos *el/la* → Masculino y femenino

Verbo *ser* (formas singulares)

yo	soy
tú	eres
él / ella / usted	es

1 Completa las frases con la forma correspondiente del verbo *ser*.

Juan *es* mi compañero.

1 La mesa _____ verde.
2 Yo _____ la profesora.
3 Tú _____ el alumno.
4 Marisa _____ tu compañera.
5 El bolígrafo _____ rojo.

2 Forma frases tomando un elemento de cada columna.

Él / Ella es estudiante.

Artículo determinado

Masculino	Femenino
el niño	la niña
el profesor	la profesora

¡OBSERVA!

• Generalmente, los nombres que terminan en **-o** y en **consonante** son masculinos: *el cuaderno, el lápiz*.

• Generalmente, los nombres que terminan en **-a** son femeninos: *la ventana, la casa*.

3 Completa la tabla.

MASCULINO	FEMENINO
español	
	camarera
sevillano	
	amiga
campeón	
	maestra

4 Forma el femenino de las siguientes palabras.

el gato — *la gata*

1 el alumno — La Alumna
2 el león — La Leona
3 el hijo — La Hija
4 el doctor — La Doctora
5 el compañero — La Compañera
6 el hermano — La hermana
7 el camarero — La Camarera
8 el mono — La mona

5 Ordena las siguientes frases.

es / silla / pequeña / la
La silla es pequeña.

1 es / pizarra / negra / la
2 blanco / es / gato / el
3 la / soy / yo / directora
4 compañera / eres / la / Pedro / de
5 grande / es / ventana / la
6 Pedro / la / de / soy / hermana
7 capitán / eres / el / equipo / del
8 la / Juan / es / de / casa

ocho

→ Colores   → La 'h'   → Recursos para la clase

GRAMÁTICA

6 Escribe frases con el verbo *ser*.

música / bonita
La música es bonita.

1 bolígrafo / azul
2 silla / grande
3 ¿usted / doctor?
4 yo / compañero de Ana
5 sol / amarillo
6 yo no / español
7 ¿tú / el padre de Ángel?
8 mi amigo / peruano

7 Describe estos objetos, diciendo sus colores.

azul • marrón • verde • rojo • amarillo
blanco • negro • rosa

1 *La puerta es blanca.*
2 _____
3 _____
4 _____
5 _____
6 _____
7 _____
8 _____

Pronunciación y ortografía

8 Escucha y repite. 4

hotel   helado   hospital

¿Se pronuncia la h?

9 Escucha y repite. 5

hola • hoja • humo • huevo
hache • ahora • hijo

PARA APRENDER

10 Escucha y repite. 6

¿Cómo se escribe *hola*?
¿Qué significa *humo*?
¿Cómo se dice en español *orange*?

11 Pregunta a tu profesor y practica con otras palabras.

1 → Hola, ¿qué tal? → ¿Cómo te llamas? → ¿Cúantos años tienes?

1 Lee y escucha. 🎧

¡Hola!, ¿qué tal? Me llamo Jorge. Y tú, ¿cómo te llamas?

¡Hola, me llamo Graciela! Tengo trece años y soy argentina.

¡Hola! Me llamo Julia y tengo catorce años. Mi número de teléfono es 91 506 23 57. ¿Cuál es tu número de teléfono?

¡Hola!, ¿qué tal? Me llamo Pablo. Tengo doce años. Y tú, ¿cuántos años tienes?

2 Di tu nombre y pregunta a tu compañero, como en el ejemplo.

Me llamo Carmen. Y tú, ¿cómo te llamas?

3 Saluda a tu compañero.
- Hola, ¿qué tal?
- Bien, ¿y tú?

4 Escucha y repite los números del 1 al 20. Después relaciona los números con las palabras. 🎧

1-10	
1	tres
2	siete
3	nueve
4	ocho
5	uno
6	seis
7	cuatro
8	dos
9	diez
10	cinco

10-20	
11	trece
12	quince
13	dieciséis
14	once
15	dieciocho
16	doce
17	diecinueve
18	diecisiete
19	veinte
20	catorce

→ ¿Cúal es tu número de teléfono? → Números 1-20

5 ¿Cuántos años tienes? Pregunta y contesta a tu compañero, como en el ejemplo.

Tengo once años. Y tú, ¿cuántos años tienes?

6 Realiza las sumas y comprueba el resultado con tu compañero.

1. **tres** + **cinco** = *ocho*
2. **siete** + **ocho** =
3. **diez** + **nueve** =
4. **dos** + **doce** =
5. **quince** + **tres** =

7 ¿Cuál es tu número de teléfono? Pregunta a cuatro compañeros su nombre y número de teléfono y anótalo en tu agenda.

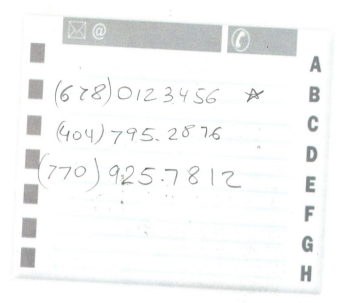

(678) 0123456 ★
(404) 795.2876
(770) 925.7812

8 Escucha y completa las fichas.

1
Nombre: Maria
Edad: 7
N.º de teléfono: (404) 582-2835

2
Nombre: Isaak
Edad: 9
N.º de teléfono: (678) 332-2138

3
Nombre: Marcos
Edad: 10
N.º de teléfono: (770) 885 24 70

1 → Mis compañeros de clase

ESTREZAS

📖 Leer

1 Lee y completa con las palabras del recuadro.

> es • tiene (2) • brasileña • argentino • estudiante

2 Se llama Elena Sandoval. Es _____ de español. _____ 22 años. Es _____. Le gusta el fútbol y la música.

1 Se llama Luis Rodríguez. _____ profesor de judo. _____ 20 años. Le gusta la música moderna y el cine. Es _____.

🗣 Hablar

3 Pregunta a tu compañero.

1 ¿Cómo te llamas?
2 ¿Cuántos años tienes?
3 ¿Cuál es tu número de teléfono?
4 ¿Qué te gusta?
5 ¿Qué tal estás?

🎧 Escuchar

2 Escucha y marca.

✏️ Escribir

4 Escribe un párrafo sobre tu compañero.

Mi compañero se llama...

Mi compañero se llama Diogo. Él tiene 8 anos.

Definido — La, El
Indefinido — Un, UNA

Reflexión y evaluación

Gramática

1 Completa las frases con la forma correspondiente del verbo *ser*.

1 La manzana _____ roja.
2 Yo _____ tu compañera.
3 Mi profesora _____ española.
4 Tú _____ mi amigo.
5 La casa _____ blanca.
6 ¿Tú _____ hermana de Pablo?

2 Coloca el artículo correspondiente *(el/la)* a los siguientes nombres.

1 ___ balón
2 ___ pizarra
3 ___ avión
4 ___ profesora
5 ___ piano
6 ___ camarero

3 Forma el femenino de las siguientes palabras.

MASCULINO	FEMENINO
el niño	
el compañero	
el vecino	
el gato	
el director	

4 Coloca el artículo y la forma correspondiente del verbo *ser* para formar frases correctas.

1 (borrador / blanco) _____
2 (perro / grande) _____
3 (yo / doctor) _____
4 (tú / capitán) _____
5 (Alfonso / director) _____
6 (tú / amiga de Susana) _____

Vocabulario

5 Escribe el nombre de los objetos de la clase.

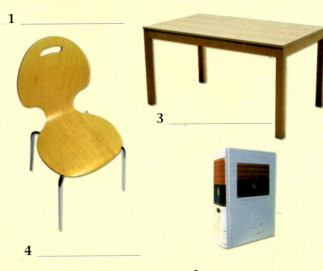

1 _____
2 _____
3 _____
4 _____
5 _____

Comunicación

6 Contesta las preguntas.

1 ¿Cómo te llamas?
2 ¿Cuántos años tienes?
3 ¿Cuál es tu número de teléfono?

Autoevaluación

Mis resultados en esta unidad son:

Muy buenos ☐
Buenos ☐
No muy buenos ☐

trece **13**

2

Países de habla hispana

1 Localiza y escribe los nombres de los países numerados del 1 al 20. Escucha y comprueba. 🎧 **11**

1 *México*

2 Relaciona los países con sus nacionalidades.

Países

1 Guatemala — *g*
2 México ___
3 Honduras ___
4 El Salvador ___
5 Nicaragua ___
6 Costa Rica ___
7 Panamá ___
8 Colombia ___
9 Cuba ___
10 Venezuela ___
11 Ecuador ___
12 Perú ___
13 Bolivia ___
14 Paraguay ___
15 Uruguay ___
16 Argentina ___
17 Chile ___
18 República Dominicana ___
19 Puerto Rico ___
20 España ___

Nacionalidades

a hondureño
b nicaragüense
c ecuatoriano
d paraguayo
e chileno
f dominicano
g guatemalteco
h salvadoreño
i boliviano
j costarricense
k uruguayo
l español
m mexicano
n argentino
ñ panameño
o peruano
p venezolano
q cubano
r colombiano
s puertorriqueño

3 Lee y escucha. 🎧 **12**

El español es una lengua muy importante internacionalmente. Es la lengua oficial de España, México, los países de América Central y la mayoría de los países de América del Sur. Es la tercera lengua más hablada del mundo, pues la hablan más de 350 millones de personas. En Estados Unidos es el segundo idioma, donde se usa frecuentemente en la radio y la televisión.
El español también se llama «castellano» porque nació en Castilla, en el centro de España.

4 ¿Verdadero o falso? (V/F)

1 El español es hablado por 50 000 000 de personas. ☐
2 El español es la lengua oficial de la mayoría de los países sudamericanos. ☐
3 El español es la lengua oficial de EEUU. ☐

- Países → Adjs. de nacionalidad → Días de la semana
- Números ordinales → Asignaturas

VOCABULARIO

5 Escucha y repite los días de la semana. 13

lunes   martes   miércoles   jueves   viernes   sábado   domingo

6 Escucha y repite los números ordinales. 14

primero / primera
segundo / segunda
tercero / tercera
cuarto / cuarta
quinto / quinta
sexto / sexta
séptimo / séptima
octavo / octava
noveno / novena
décimo / décima

7 Escribe cada ordinal en su lugar.

3.º tercero
3.ª tercera
1.ª ___
1.º ___
4.º ___
6.º ___
2.º ___
5.º ___
5.ª ___
4.ª ___
2.ª ___
6.ª ___
7.º ___
10.ª ___
8.º ___
9.ª ___
7.ª ___
8.ª ___
9.º ___
10.º ___

8 Escucha y repite los nombres de las asignaturas. Después relaciona cada palabra con su dibujo. 15

Ciencias Naturales • Ciencias Sociales • Educación Física • Francés • Lengua Español • Matemáticas • Música • Educación Plástica • Religión • Informática

9 Completa este horario. Después pregunta a tu compañero, como en el ejemplo.

■ ¿Qué tienes a primera hora el lunes?
● Español.

10 Escribe tu horario.

2
→ Verbo *ser* (formas plurales) → Plural de nombres y adjetivos → Demostrativos

Verbo *ser* (formas plurales)

nosotros/as	somos
vosotros/as	sois
ellos / ellas / ustedes	son

Plural de los nombres

Singular	Plural
coche	coch**es**
camión	camion**es**

1 Completa las frases con la forma correspondiente del verbo *ser*.

Mi amigo y yo *somos* españoles.
1 ¿De dónde **sois** vosotros?
2 Gabriela y su familia **son** argentinos.
3 Este chico **es** mi vecino.
4 Yo **soy** enfermera.
5 Alfonso y yo **somos** de Madrid.
6 Vosotros **sois** los primeros de la lista.

2 Completa el mensaje de Cristina con las formas adecuadas del verbo *ser*.

Me llamo Cristina y (1)_____ de Madrid.
Estos de la foto (2)_____ mi amiga Rosa y mi amigo Dani. Nosotros (3)_____ compañeros de clase y vecinos. ¡Tú (4)_____ nuestra nueva amiga!
Un saludo,
    Cristina

3 Completa la tabla con el plural de estos nombres.

SINGULAR	casa	árbol	mes	día	tren	reloj
PLURAL						

Plural de nombres y adjetivos

	MASCULINO	FEMENINO
Singular	el gato blanco el gato grande	la gata blanca la gata grande
Plural	los gatos blancos los gatos grandes	las gatas blancas las gatas grandes

4 Forma el plural de los siguientes grupos de palabras.

el coche viejo — *los coches viejos*
1 el profesor alto — _____
2 la pizarra verde — _____
3 la mano grande — _____
4 la niña pequeña — _____
5 la caja fuerte — _____
6 el ordenador nuevo — _____

Demostrativos

	MASCULINO	FEMENINO
Singular	**este** libro	**esta** casa
Plural	**estos** libros	**estas** casas

16 dieciséis

→ Uso de las mayúsculas

GRAMÁTICA

5 Ahora escribe el plural de las siguientes frases, como en el ejemplo.

Esta flor es amarilla. → *Estas flores son amarillas.*

1 Este bolígrafo es rojo. _____
2 Este libro es azul. _____
3 Esta silla es verde. _____
4 Esta casa es blanca. _____
5 Esta pizarra es gris. _____
6 Este lápiz es marrón. _____

6 Por parejas, pregunta y responde a tu compañero sobre los personajes de las fotos, como en el ejemplo.

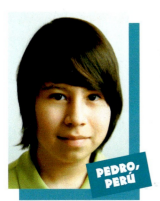
PEDRO, PERÚ

MARÍA, COLOMBIA

ELENA Y ALICIA, NICARAGUA

- ¿Quién es este?
- *Es Pedro.*
- ¿De dónde es?
- *Es peruano.*

ALBERTO Y ROSARIO, ECUADOR

CARLOS, ESPAÑA

 PARA APRENDER Uso de las mayúsculas

En español se escribe con letra mayúscula:

- La primera palabra de una frase:
  Hola, me llamo Ricardo.
- Los nombres de personas, países, ríos, montañas…:
  Laura, Francia, Amazonas, Everest.
- Los títulos de películas, libros…:
  El león africano.

7 Escribe las frases correctamente.

graciela y pablo son compañeros de clase.
Graciela y Pablo son compañeros de clase.

1 luis vive en buenos aires.
2 el río nilo es muy largo.
3 mi padre se llama luis rodríguez.
4 el viernes no tenemos matemáticas.
5 fernando es mexicano.
6 a juan le gusta *batman*.

2
→ Buenos días / Buenas tardes → ¿De dónde eres? → ¿Dónde vives? → Este/a es ...

1 Lee y escucha. **16**

En la clase

PROFESORA: ¡Hola, buenos días!
ALUMNOS: ¡Buenos días!
PROFESORA: Esta es la compañera nueva. Habla español como nosotros, pero no es española.
Siéntate en esta mesa, al lado de Julia.
JULIA: ¡Qué bien! Somos compañeras. ¿Cómo te llamas?
GRACIELA: Me llamo Graciela.
JULIA: ¿De dónde eres, Graciela?
GRACIELA: Yo soy argentina, pero mis padres son españoles.

(Saliendo de clase)

JULIA: ¿Dónde vives en Argentina?
GRACIELA: En Buenos Aires.
JULIA: Y aquí, ¿dónde vives?
GRACIELA: En la calle de Cervantes, cuarenta y tres. ¿Y vos?
JULIA: En la Plaza Mayor.
GRACIELA: ¡Qué cerca! ¿Vamos a la biblioteca?
JULIA: Vale, vamos.

2 Contesta las preguntas.

1 ¿Cómo se llama la nueva compañera?
2 ¿Es española?
3 ¿De dónde es?
4 ¿Quién es su compañera de mesa?
5 ¿Dónde vive Julia?

3 ¿Verdadero o falso? (V/F)

1 Graciela es francesa. ☐
2 Buenos Aires es una ciudad de Argentina. ☐
3 Julia vive en la Plaza Mayor. ☐
4 Julia y Graciela son compañeras. ☐

4 Por parejas, pregunta y contesta a tu compañero, como Julia a Graciela.

- ¿De dónde eres?
- Soy argentina.

5 Escucha y repite los números del 21 al 100. **17**

21 al 100

21	veintiuno	31	treinta y uno
22	veintidós	32	treinta y dos
23	veintitrés	33	treinta y tres
24	veinticuatro	40	cuarenta
25	veinticinco	50	cincuenta
26	veintiséis	60	sesenta
27	veintisiete	70	setenta
28	veintiocho	80	ochenta
29	veintinueve	90	noventa
30	treinta	100	cien

→ *¿Vamos a...?*   → **Números del 21 al 100**   → **Las vocales**

COMUNICACIÓN

Sugerencias

8 Escucha y repite. **19**

- ¿Vamos al parque?
- No, al parque no.
- ¿Vamos al cine?
- Vale, vamos.

9 Ahora haz las siguientes sugerencias a tu compañero, como en el ejercicio anterior.

1 _____ a la discoteca.
2 _____ al zoo.
3 _____ a la piscina.
4 _____ a casa de Julia.
5 _____ al recreo.
6 _____ a la biblioteca.

6 Señala los números que escuches. **18**

a 3 / 13   b 65 / 75
c 12 / 22   d 23 / 37
e 84 / 94   f 31 / 41

7 Por parejas, pregúntale a tu compañero su dirección, como en el ejemplo.

- ¿Dónde vives?
- En la calle de Cervantes, cuarenta y tres.

 Pronunciación y ortografía

10 Escucha y repite las vocales españolas. **20**

A   E   I   O   U

11 Escucha y repite. **21**

azul • casa • mesa • policía • escribir • matemáticas
lápiz • Pepe • Pili • mamá • beber • vivir • tonto • uno

diecinueve **19**

2 → Una carta de presentación personal

Destrezas

Leer

1 Marta es española y escribe a Pierre, un chico francés. Lee el mensaje.

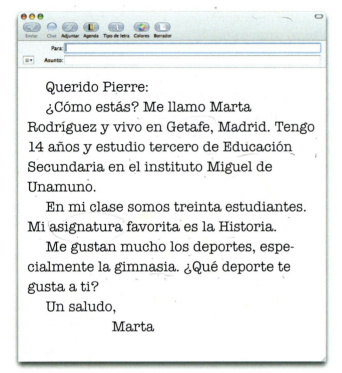

Querido Pierre:

¿Cómo estás? Me llamo Marta Rodríguez y vivo en Getafe, Madrid. Tengo 14 años y estudio tercero de Educación Secundaria en el instituto Miguel de Unamuno.

En mi clase somos treinta estudiantes. Mi asignatura favorita es la Historia.

Me gustan mucho los deportes, especialmente la gimnasia. ¿Qué deporte te gusta a ti?

Un saludo,
Marta

2 Completa la ficha sobre Marta.

Nombre: MARTA
Apellidos: _____
Ciudad: _____
Edad: ____ Curso: ____
Nombre del colegio: _____
Asignatura favorita: _____

Escuchar

3 Escucha a Frida hablar de unos amigos. Luego lee las frases y señala V/F. **22**

1 Rubén y Violeta son mexicanos. V ☐
2 Estudian en el mismo Instituto. V ☐
3 Rubén tiene 13 años. F ☐
4 Violeta tiene 12 años. F ☐
5 A Rubén le gusta la Historia. V ☐
6 A Violeta no le gustan las Matemáticas. F ☐
7 A Violeta no le gusta el fútbol. F ☐
8 Los viernes van a jugar al fútbol. V ☐

Hablar

4 Imagina que tú eres de un país hispano. Responde estas preguntas.

1 ¿Cómo te llamas?
2 ¿Cuántos años tienes?
3 ¿De dónde eres?
4 ¿Dónde vives?
5 ¿Qué estudias?
6 ¿Cuántos alumnos sois en tu clase?
7 ¿Cuál es tu asignatura favorita?
8 ¿Qué deporte te gusta?

5 Ahora pregunta y responde a un compañero. Escribe las respuestas.

Escribir

6 Escribe un informe con las respuestas de tu compañero.

Mi compañera se llama Carmen. Es...

Reflexión y evaluación

Gramática

1 Completa las frases con la forma correspondiente del verbo *ser*.

1. Alberto y Juan ____ colombianos.
2. María ____ la primera de la lista.
3. Carlos y yo ____ vecinos.
4. ¿Tú ____ peruana?
5. Yo ____ el capitán del equipo.

2 Completa el cuadro.

NACIONALIDADES

PAÍS	SINGULAR		PLURAL	
	FEMENINO	MASCULINO	FEMENINO	MASCULINO
Cuba				
	peruana			
		español		
			mexicanas	
				chilenos

3 Di cuántos años tienen los niños de las fotos. Utiliza demostrativos, como en el ejemplo.

Esta niña tiene doce años. — trece años. — once años. — catorce años.

Vocabulario

4 Continúa la serie de los días de la semana.

Lunes, martes, _____, _____, _____, _____, _____.

5 Ordena las letras de cada globo para formar el nombre de algunas de las asignaturas de tu horario.

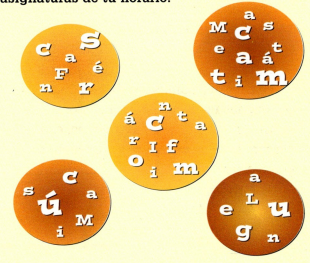

Comunicación

6 Completa la conversación.

- ¿_____?
- Me llamo Miguel Ángel.
- ¿_____?
- Tengo doce años.
- ¿_____?
- Soy peruano.
- ¿_____?
- En Lima.

Autoevaluación

Mis resultados en esta unidad son:

Muy buenos ☐
Buenos ☐
No muy buenos ☐

3 La Familia

1 Mira el árbol genealógico de la familia de David. Después, escucha y repite. **23**

1 El abuelo
2 La abuela
3 La madre
4 El padre
5 El tío
6 La tía
6 La tía
DAVID
7 El hermano
8 La hermana
9 El primo
10 La prima

2 Escucha a David. Relaciona cada personaje de su árbol genealógico con los nombres del recuadro. **24**

Carmen • Roberto • Carlos • Alicia • María • Nacho
Juana • Luis • Álvaro • Paloma • Pilar

Su abuelo se llama Carlos.

3 Escucha las frases.
¿Cómo se dicen las palabras subrayadas en tu idioma? **25**

1. Carlos y Juana son los <u>abuelos</u> de David.
2. Alicia y Luis son los <u>padres</u> de David, María y Nacho.
3. Alicia es la <u>mujer</u> de Luis.
4. Luis es el <u>marido</u> de Alicia.
5. David y Nacho son sus <u>hijos</u>.
6. María es su <u>hija</u>.

→ Parientes

VOCABULARIO

7 Responde las preguntas.

1 ¿De dónde es Javier?
2 ¿Dónde vive?
3 ¿Cuántas personas viven en su casa?
4 ¿Qué profesión tiene el padre?

8 Lee y escucha. 27

Leonora es una india arahuaca. Vive en un pueblo en la montaña colombiana. Allí los niños no estudian en el colegio porque no hay, pero sus padres les enseñan las tradiciones indias. El hermano pequeño de Leonora se llama Miguel. Su madre lo lava en el río. Su padre tiene una vaca y vende plátanos en los pueblos vecinos. Las mujeres y las niñas bordan mochilas con dibujos de la naturaleza: animales, plantas... Todos los arahuacos tienen mochilas bordadas. En Colombia viven un millón de indios. Los arahuacos son unos 18 000.

4 Por parejas, practica la siguiente conversación. Después, pregunta y responde sobre otros miembros de la familia de David.

- ¿Quién es Carlos?
- Es el abuelo de David.
- ¿Cómo se llama la madre de David?
- Alicia.

5 Lee la descripción de la familia de Rocío. Después, escribe acerca de tu familia.

Mi padre se llama Antonio y tiene cuarenta años. Mi madre tiene treinta y cinco y se llama Elena. Tengo dos hermanas. Se llaman Ana y Marta. Ana tiene quince años y Marta trece. No tengo hermanos.

9 Responde las preguntas.

1 ¿De qué país es Leonora?
2 ¿Por qué los niños arahuacos no estudian en el colegio?
3 ¿Cómo se llama su hermano?
4 ¿En qué trabaja el padre de Leonora?

10 Completa las frases con la información de los dos textos.

1 Javier Rodríguez vive en _____ y Leonora vive en _____.
2 La hermana de Javier _____ Laura y el hermano de Leonora _____ Miguel.
3 El padre de Javier _____ camionero y el padre de Leonora _____ una vaca y vende plátanos.
4 Javier estudia en un _____, pero Leonora no.

Dos familias

6 Lee y escucha. 26

Javier Rodríguez es madrileño. Vive en Getafe, un pueblo cerca de Madrid. Javier tiene una hermana pequeña, se llama Laura, y en la misma casa vive también Manolo, su abuelo. El padre de Javier es camionero, y de lunes a viernes trabaja fuera de Madrid. La madre, Catalina, cuida de todos. Javier estudia segundo curso de Educación Secundaria Obligatoria en el instituto de su barrio.

3
→ Presente de los verbos regulares → Verbo tener → Adjetivos posesivos

Presente de los verbos regulares

Pronombre sujeto	Verbos regulares		
	Estudiar	*Comer*	*Vivir*
yo	estudio	como	vivo
tú	estudias	comes	vives
él / ella / Vd.	estudia	come	vive
nosotros/as	estudiamos	comemos	vivimos
vosotros/as	estudiáis	coméis	vivís
ellos / ellas / Vds.	estudian	comen	viven

1 Rellena los huecos con la forma correcta del verbo.

Su hermano *vive* (vivir) en Buenos Aires.

1 Pablo y Jorge _____ (estudiar) en el mismo colegio.
2 Yo _____ (comer) a las dos y veinte.
3 ¿Dónde _____ (vivir) tú?
4 Jorge _____ (estudiar) música.
5 Mis primos y yo _____ (vivir) en Arévalo.
6 ¿Dónde _____ (comer, vosotros)?
7 Mi madre _____ (trabajar) en un hospital.
8 María y yo _____ (hablar) mucho por teléfono.
9 Elena _____ (escribir) en su diario todos los días.

2 Completa estas preguntas con el verbo adecuado.

1 • ¿Dónde _____ tu padre?
 ▪ En un banco.
2 • ¿Qué _____ (tú)?
 ▪ Historia del Arte.
3 • ¿Dónde _____ el profesor?
 ▪ En un restaurante.
4 • ¿Dónde _____ María?
 ▪ En Sevilla.
5 • ¿Qué _____ vosotros?
 ▪ Matemáticas.
6 • ¿Qué _____ (tú)?
 ▪ Un bocadillo.
7 • ¿Dónde _____ Pepe y Sofía?
 ▪ En Lima.

Verbo *tener*

Pronombre sujeto	Presente
yo	tengo
tú	tienes
él / ella / Vd.	tiene
nosotros/as	tenemos
vosotros/as	tenéis
ellos / ellas / Vds.	tienen

3 Escribe la forma correcta del verbo *tener*.

Mi hermano *tiene* una bicicleta.

1 Mis padres _____ un restaurante.
2 Yo _____ un ordenador.
3 Pedro y yo _____ tres hijos.
4 ¿(Tú) _____ muchos amigos?
5 Ustedes _____ una casa en la montaña, ¿no?
6 Mi abuelo _____ un perro negro.

→ Hacer un cuaderno de vocabulario

4 Ordena las frases.

1 no / sábados / estudian / primos / los / mis
2 ¿ / tus / con / padres / comes / ?
3 vive / año / todo / mi / Arévalo / el / en / abuelo
4 mucho / yo / trabajo / tengo
5 ¿ / todos / coméis / días / fruta / los / ?
6 casa / campo / una / en / tenemos / el

Adjetivos posesivos

Pronombre sujeto	Adjetivo posesivo			
	Singular		Plural	
yo	mi	casa libro	mis	casas libros
tú	tu	mesa boli	tus	mesas bolis
él / ella / Vd. ellos / ellas / Vds.	su	silla hijo	sus	sillas hijos

5 Completa los huecos con el adjetivo posesivo correspondiente.

Daniel estudia con *su* primo los fines de semana.

1 ¿Estudias música en _____ instituto?
2 Yo vivo con _____ familia.
3 Ellos tienen _____ ordenador en la habitación.
4 Graciela vive con _____ tíos.
5 Yo tengo _____ libros en la cartera.

6 Por parejas, pregúntale a tu compañero el nombre de los miembros de su familia.

• ¿Cómo se llaman tus padres?
■ Pepe y Luisa.

7 Ahora, dile a toda la clase cómo se llaman los miembros de tu familia y los de tu compañero.

Mis padres se llaman Juan y María; sus padres se llaman Pepe y Luisa. Mi hermano se llama Carlos; su hermana se llama Marta.

8 Completa el texto con la forma correcta de los verbos *ser*, *tener* y los posesivos.

En nuestra familia, los animales [1]_____ muy importantes. [2]_____ dos perros, dos gatos y dos peces. Mi padre no [3]_____ mascota. Mi madre [4]_____ un perro negro, que se llama Pancho. Yo [5]_____ dos peces y [6]_____ hermana María [7]_____ un gato, que se llama Situ, [8]_____ hermanos Juan y Pedro [9]_____ los pequeños y [10]_____ un gato, que se llama Tigre. El abuelo [11]_____ un perro muy viejo. [12]_____ perro se llama Lucero.

 PARA APRENDER

9 Mira este cuaderno de Ronaldo, un brasileño que estudia español. Después escribe en tu cuaderno de vocabulario las palabras nuevas.

Abuelo/a: Avó
Hijo/a: Filho/a
Vivir: Viver

3
→ Presentar a alguien → Hablar de la familia → ¿Qué hora es? → La /θ/

1 Lee y escucha. **28**

A la hora del recreo

JULIA: Mira, Graciela, estos son mis primos Pablo y Jorge.
GRACIELA: ¡Hola!, ¿qué tal?, ¿cómo están?
PABLO Y JORGE: ¡Hola!, ¿qué tal?
JULIA: Son hijos de la profesora de música.
GRACIELA: ¿Ah, sí? ¿La señorita Aurora es su madre?
JORGE: Sí, y mi hermana Irene también estudia en este colegio.
PABLO: ¿Y tú?, ¿tienes hermanos?
GRACIELA: Sí, tengo un hermano. Vive en Buenos Aires con mis padres. Yo vivo aquí con mis tíos.
JULIA: ¿Sabes? Pablo y Jorge viven cerca de tu casa. ¿Qué hora es?
PABLO: Son las once y media. ¡A clase!
JULIA: ¿Dónde vamos esta tarde?
JORGE: Después de comer vamos a casa del abuelo. ¿Te vienes, Graciela?
GRACIELA: ¡Bárbaro!
JULIA: ¡Qué bien! Así te enseñamos su casa.

2 Contesta las preguntas.

¿Quiénes son Pablo y Jorge?
Los primos de Julia.

1 ¿Quién es la profesora de música?
2 ¿Quién es Irene?
3 ¿Dónde viven los padres de Graciela?
4 ¿Dónde va Julia con sus primos después de comer?

3 ¿Verdadero o falso? (V/F)

1 Graciela vive en Argentina. ☐
2 El abuelo es profesor de música. ☐
3 Pablo, Jorge y Julia son primos. ☐
4 Irene estudia en el colegio de Julia. ☐

4 Pregúntale a tu compañero si tiene hermanos, como Pablo le pregunta a Graciela.

• Luis, ¿tienes hermanos?
■ *Sí, tengo dos hermanos y una hermana.*

5 ¿Qué hora es? *Son las tres y diez.* Después escucha y repite. **29**

26 veintiséis

Comunicación

6 Escribe las horas y después escucha y comprueba. **30**

| 1 | 2 | 3 | 4 |

7 Pregunta y contesta a tu compañero sobre la cartelera de cine.

CINES IDEALES

Sala		Horario
Sala 1	LOS SIMPSON	19:30
Sala 2	PIRATAS DEL CARIBE El cofre del hombre muerto	17:20
Sala 3	EL SEÑOR DE LOS ANILLOS El retorno del Rey	16:50
Sala 4	SHREK Tercero	18:15
Sala 5	HARRY POTTER y el cáliz de fuego	20:45

● ¿A qué hora es «El Señor de los Anillos»?
■ A las cinco menos diez.

Pronunciación y ortografía

8 Escucha y repite. **31**

azul ● bicicleta ● cinco
marzo ● zapato

→ /θ/ + a, o, u   → /θ/ + e, i
za, zo, zu   ce, ci

9 Completa las siguientes palabras con *z/c*.

1 __ine   6 __iclismo
2 on__e   7 __iudad
3 __umo   8 __ona
4 __oo   9 pi__arra
5 balon__esto 10 habita__ión

10 Ahora escucha, comprueba y repite. **32**

veintisiete **27**

3

→ Respuesta a la carta de la unidad 2
→ Escuchar la programación de la televisión

Leer

1 Pierre vive en París y Marta vive en Madrid. Lee el mensaje de Pierre.

Marta, ¿qué tal estás? Yo, bien. Gracias por tu correo.

Tengo 13 años y estudio segundo curso de Educación Secundaria. Estudiamos Español los lunes, miércoles y viernes. La profesora de Español se llama Carmen.

Te hablo de mi familia. Mi padre trabaja en un hotel y mi madre en un hospital. Tengo dos hermanos: Olivier tiene dieciocho años y Anna tiene diez.

Me gusta mucho la música y mi cantante favorita es Gloria Stefan, es cubana. Mis deportes favoritos son el fútbol y el ciclismo.

En el colegio me gustan mucho las Ciencias Naturales porque el profesor de Ciencias es muy simpático.

Un saludo,
Pierre

Escuchar

3 Escucha la programación de televisión para hoy y dibuja la hora. **33**

sábado, 14 octubre
Programación
TVE-1

Telediario 1

Vuelta ciclista a España

Club Megatrix: Tiny Toons

Documental: El león africano

Cine: Superman 2

Música clásica

Fútbol: Real Madrid-Barcelona

Escribir

2 Corrige las siguientes afirmaciones sobre Pierre. Escribe las respuestas en tu cuaderno.

Pierre tiene quince años.
Pierre tiene trece años.

1 Vive en Lille.
2 Estudia español los martes y jueves.
3 Su profesora de español se llama Anna.
4 Su padre trabaja en un hospital.
5 Su hermano se llama Mathieu.
6 A Pierre no le gusta la música.
7 Gloria Stefan es española.
8 A Pierre le gustan las Matemáticas.

Hablar

4 Completa estos relojes con una hora.

5 Pregunta a tu compañero la hora en tus relojes.

6 Di tú la hora que tienen los relojes de tu compañero.

Reflexión y evaluación

 Gramática

1 Completa las frases con la forma correcta del verbo.

1. Mis padres y yo _____ (vivir) en España.
2. Mi hermano _____ (estudiar) inglés.
3. Elena y sus amigos _____ (comer) a las dos.
4. Yo no _____ (tener) un ordenador en mi habitación.
5. Carlos y yo _____ (estudiar) mucho.
6. Mi hermano David _____ (trabajar) con mi padre.
7. ¿Tú _____ (vivir) en Madrid?
8. Rosa no _____ (comer) nunca en un restaurante.
9. ¿Cuántos años _____ (tener) tu hermana?
10. ¿_____ (tener) un diccionario?

2 Elige la opción correcta.

1. ¿Vives con tu / tus padres?
2. Estudio con mi / mis hermano los fines de semana.
3. Los niños pequeños viven con su / sus padres.
4. Este es mi / mis amigo Luis.
5. Rosa no vive con sus / su padres, vive sola.
6. ¿Dónde está tu / tus bolígrafo rojo?
7. Gracias por tu / tus regalo.

 Vocabulario

3 Completa las frases de David.

1. Alicia es mi madre. Yo soy su _____.
2. Pilar es mi hermana. Yo soy su _____.
3. Mi madre es la mujer de mi padre. Mi padre es su _____.
4. Carmen es la hermana de mi madre. Es mi _____.

4 Sopa de letras: busca seis palabras de los miembros de la familia.

P	R	I	M	O	A	G	E	H
O	C	B	A	L	L	J	M	Z
S	R	L	O	O	B	K	H	T
U	J	E	R	C	I	S	P	I
Q	R	H	E	R	M	A	N	O
H	P	B	I	A	C	B	O	U
Ñ	C	A	N	J	X	U	F	Y
G	K	J	A	B	O	E	C	I
U	Z	X	V	I	J	L	B	H
L	A	J	B	A	S	O	R	P

 **Comunicación**

5 ¿Qué hora es?

1 _____ 2 _____

3 _____ 4 _____

Autoevaluación

Mis resultados en esta unidad son:

Muy buenos ☐
Buenos ☐
No muy buenos ☐

Proyecto 1
Libro de familia

1 Observa las oraciones. ¿Cuándo se usa «y»? ¿Cuándo se usa «pero»?

1 Por la tarde lee y escucha música.
2 Los niños juegan con sus juguetes pero no hacen deberes.
3 Voy al cine y al teatro.
4 Vivimos en Madrid pero mi padre es de Arévalo.

2 Une las frases con «y» o «pero».

1 Vive en Barcelona. Estudia en Barcelona.
2 Mis hermanos pintan. Mis hermanos no escriben.
3 Practico el fútbol. No estoy en ningún equipo.
4 Veo la televisión. No veo las noticias.
5 Mi padre cocina. Mi madre plancha.

3 Diseña un póster sobre tu familia. No te olvides de poner la siguiente información: sus nombres, sus edades, de dónde son, cuántos hermanos tienen, qué hacen en su tiempo libre...

4 Muestra el póster ante la clase y presenta tu familia a tus compañeros.

Esta es mi **MADRE**. Se llama Carmen. Tiene 45 años. Es de Madrid. Tiene un hermano y una hermana. En su tiempo libre cocina y ve la televisión, pero nunca ve partidos de fútbol.

Esta soy **YO**. Me llamo Marta. Tengo 12 años. Soy de Madrid y tengo dos hermanos. En mi tiempo libre utilizo el ordenador pero veo poco la televisión.

Este es mi **PADRE**. Se llama Nacho. Tiene 47 años. Es de Arévalo, un pueblo de Ávila. Tiene dos hermanos y una hermana. En su tiempo libre lee y escucha música, pero nunca practica deporte.

Estos son mis **HERMANOS**. Se llaman Alberto y Andrés. Son gemelos y tienen 8 años. Son de Madrid. Tienen una hermana fantástica. En su tiempo libre dibujan y colorean, pero nunca estudian.

PORTFOLIO (unidades 1, 2 y 3)

Completa tu autoevaluación marcando en los recuadros tu nivel de adquisición en las distintas habilidades.

Muy bien = **1**	Regular = **3**
Bien = **2**	Tengo que mejorar = **4**

Escuchar
- Soy capaz de reconocer palabras claves en una audición. ☐
- Soy capaz de comprender audiciones sencillas para comprobar si una información dada es verdadera o falsa. ☐
- Puedo entender información sencilla sobre la programación de la televisión. ☐

Leer
- Puedo entender pequeños textos con información personal. ☐
- Puedo entender una carta o un e-mail de un amigo nuevo con su información personal. ☐
- Soy capaz de comprender textos breves con información sobre los miembros de la familia. ☐

Comunicación
- Soy capaz de presentarme y preguntar a otros por sus datos personales. ☐
- Sé hacer sugerencias y responder a las de mis amigos para ir a algún sitio. ☐
- Sé preguntar y contestar a mi compañero sobre una programación de cine o televisión. ☐

Hablar
- Puedo decir cómo me llamo, cuántos años tengo y mi número de teléfono. ☐
- Puedo decir de dónde soy y dónde vivo. ☐
- Sé decir la hora. ☐

Escribir
- Puedo escribir pequeños textos con información personal o de mi compañero. ☐
- Puedo completar una ficha sobre información personal. ☐
- Soy capaz de corregir los errores de un texto sobre una información dada. ☐

4 Comidas y bebidas

1 Escucha y repite. 34

 plátanos
 zanahorias
 zumo
 pollo
 huevos
 pasta
 calamares
 naranjas
 pan
 manzanas
 trucha
 filetes
 tomates
 queso
 leche

3 Mira el dibujo e indica qué alimentos del ejercicio 1 hay y no hay.

- *Hay tomates.*
- *No hay zanahorias.*

2 Clasifica los alimentos del ejercicio 1 en la tabla.

	comidas	bebidas
pescado		
carne		
fruta		
verdura		
otros		

→ Alimentos → Comidas preparadas

Vocabulario

En el supermercado

4 Escucha y completa los huecos. 35

PAQUI: ¿Qué compramos? ¿Quieres que comamos [1] _____?
LUIS: No, a mí no me gusta la carne. Mejor, [2] _____.
PAQUI: ¿Con tomate?
LUIS: Sí, a mí me gusta la pasta con queso y [3] _____, como la comen los italianos.
PAQUI: A mí me gusta más con [4] _____.
LUIS: ¿Tomamos fruta de postre?
PAQUI: Sí, yo quiero un [5] _____.
LUIS: Para mí, una manzana. Las [6] _____ son muy ricas y tienen muchas vitaminas.
PAQUI: ¿Y para beber?
LUIS: Yo quiero [7] _____ de naranja.
PAQUI: Yo siempre como con [8] _____.

5 Ahora, lee y contesta.

1 ¿A quién no le gusta la carne?
2 ¿Quién come la pasta con queso y tomate?
3 ¿A quién le gusta con verduras?
4 ¿Qué comen de postre?
5 ¿Quién come con agua?

6 Observa la selección de restaurantes con distintos tipos de cocina y contesta las preguntas.

- ¿Qué tienen en el restaurante vegetariano?
- *Ensaladas.*

1 ¿Cómo se llama el restaurante peruano?
2 ¿Dónde se come pasta y pizzas?
3 ¿Cómo se llama el restaurante brasileño?
4 ¿Dónde se come por 12€?
5 ¿De qué nacionalidad es la cocina de La Fábrica?

7 ¿Verdadero o falso? (V/F)

1 El restaurante argentino se llama Montevideo.
2 En el restaurante vegetariano se come carne.
3 En El Rancho tienen pollo al piñón.
4 El «rodizio» es una comida española.
5 La pasta y las pizzas son comidas italianas.

Montevideo
Restaurante uruguayo
Especialidad en carnes, chivitos y pastas caseras
Menú: 12€ con postre y café

Restaurante **El gran sol**
Especialidad en cocina peruana

EL RANCHO
Cocina mexicana
Guacamoles, Enchilada, Pollo al piñón y Tarta de plátano

El granero
Restaurante vegetariano
Espectacular barra de ensaladas

Restaurante **ROMA**
La buena cocina italiana
Pasta, pizzas, carpaccios y carnes

Restaurante argentino **La Barbacoa**
Parrillada argentina (para 2 personas) 40€
Lomo de buey y carnes argentinas

El Carioca
Churrasquería estilo brasileño
Las mejores carnes
Auténtico «rodizio» brasileño

La Fábrica
Cocina tradicional española
Saboree las carnes más sabrosas, el pescado más fresco y el cocido más exquisito de Madrid

4
→ Verbo *querer* → Artículos indeterminados *un/una / unos/unas*

Presente del verbo *querer*

yo	quiero
tú	quieres
él / ella / Vd.	quiere
nosotros/as	queremos
vosotros/as	queréis
ellos / ellas / Vds.	quieren

1 Completa la frase con la forma correspondiente del verbo *querer*.

Alicia *quiere* un helado.

1 Mi hermana no _____ un ordenador.
2 Elena y Emilio _____ una casa nueva.
3 ¿Qué _____ vosotros?
4 Yo no _____ leche.
5 ¿(tú)_____ pan, José?
6 Mis primos y yo _____ un bocadillo.

Artículos indeterminados

	MASCULINO	FEMENINO
Singular	un gato	una gata
Plural	unos gatos	unas gatas

2 Completa con *un/una / unos/unas*.

Quiero *una* manzana.

1 Juan tiene _____ patines nuevos.
2 Mis amigos quieren _____ hamburguesa.
3 Tengo _____ pizza en la nevera.
4 Son _____ postales muy bonitas.
5 Quiero _____ balón de baloncesto.

Nombres contables e incontables

Los nombres **contables** pueden ser singulares (*un plátano*) o plurales (*unos plátanos*).

Ej.: Quiero *un* plátano.
Quiero *unos* plátanos.

Los nombres **incontables** son siempre singulares (*azúcar*) y no llevan artículo indeterminado.

Ej.: Quiero *azúcar* / *leche*, etc.

3 Pon el artículo indeterminado cuando sea necesario.

1 Tengo ___ perro.
2 Quiero ___ queso.
3 Los niños beben ___ leche.
4 ¿Quieres ___ agua?
5 De postre, quiero ___ pera.
6 Mi hermano quiere ___ hamburgesa.

4 Completa la tabla con los siguientes nombres, contables e incontables, poniendo el artículo cuando corresponda.

cebolla • leche • patatas • naranja • mantequilla
agua • hamburguesa • bocadillos • café • azúcar

CONTABLES		INCONTABLES
SINGULAR	PLURAL	SÓLO SINGULAR
una cebolla		leche

34 treinta y cuatro

→ Nombres contables/incontables → Verbo *gustar*

5 Completa los huecos con la forma correspondiente del verbo *querer* o *haber*.

En la frutería

COMPRADOR: ¿[1] _____ manzanas?
VENDEDOR: Sí [2] _____. ¿Cuántas [3] _____ usted?
COMPRADOR: [4] _____ dos kilos, y medio kilo de uvas.
VENDEDOR: También [5] _____ unos plátanos muy ricos.
COMPRADOR: No, hoy no [6] _____ plátanos.

→ Verbo *gustar*

(a mí)	me
(a ti)	te
(a él / ella / Vd.)	le gusta el chocolate
(a nosotros/as)	nos gustan los bombones
(a vosotros/as)	os
(a ellos / ellas / Vds.)	les

6 Completa con el pronombre (*me, te*...) más *gusta / gustan*.

A mí no *me gustan* las motos.

1 A mi hermano _____ el fútbol.
2 A mis tíos no _____ el campo.
3 A nosotros _____ los animales.
4 A mí no _____ la carne.
5 ¿A ti _____ los macarrones?
6 ¿A vosotros _____ el ajedrez?

7 Construye frases correctas con las palabras, como en el ejemplo.

Mí amigos / no gustar / el baloncesto.
A mis amigos no les gusta el baloncesto.

1 Los niños / no gustar / el pescado.
2 ¿(Tú) / gustar / los gatos?
3 ¿(Ella) / gustar / la paella?
4 (Yo) / no gustar / la carne.
5 ¿(Ustedes) / gustar / España?

8 Escribe tres cosas que te gustan y tres que no. Léeselas a tu compañero.

💡 PARA APRENDER

9 Organiza el vocabulario por temas. Añade tres palabras o más en cada columna.

FAMILIA	hermano
COLORES	azul
FRUTAS	naranja
DEPORTES	fútbol

10 Mira la lista de tu compañero y copia también sus palabras. Apréndelas de memoria.

→ Ofrecer: ¿Quieres...? → Las cosas que nos gustan y las que no nos gustan

1 Lee y escucha. **36**

En el comedor

PABLO: ¿Qué hay hoy de comer?
JORGE: Tenemos paella.
JULIA: ¿A ti te gusta, Graciela?
GRACIELA: Sí, me gusta mucho.

PABLO: ¿Jorge, quieres agua?
JORGE: Sí, gracias.
JULIA: ¿Me pasas el pan, por favor?
JORGE: Sí, toma.

PABLO: ¡Umm! ¡Qué rica! La paella es mi comida favorita.
JULIA: La mía es el arroz con tomate.
GRACIELA: Y la mía, la carne a la parrilla.
JORGE: Pues a mí no me gusta la carne; son más ricos los macarrones.

JULIA: De postre hay fruta o helado. ¿Queréis plátanos?
JORGE: No, gracias, mejor una manzana.
GRACIELA: Yo quiero un helado.
PABLO: Tengo una sorpresa para todos: ¡rosquillas del abuelo!

2 Contesta las preguntas.

1 ¿Dónde están?
2 ¿Qué tienen de comida?
3 ¿Cuál es la comida favorita de Julia?
4 ¿Qué comida no le gusta a Jorge?
5 ¿Qué hay de postre?
6 ¿Qué sorpresa tiene Jorge?

3 ¿Verdadero o falso? (V/F)

1 A Graciela le gusta la paella. ☐
2 La carne es la comida favorita de Jorge. ☐
3 La comida favorita de Julia es el arroz con tomate. ☐
4 Pablo come una manzana de postre. ☐
5 Graciela quiere un helado. ☐
6 Jorge trae rosquillas de su abuelo. ☐

¿Qué hay de postre?

4 Por parejas, ofrécele a tu compañero las distintas cosas que hay sobre la mesa.

• ¿Quieres una manzana?
■ Sí, gracias. / No, gracias; mejor un plátano.

→ La /r/ y la /r̄/

Comunicación

Las cosas que nos gustan y las que no nos gustan

5 Escucha y repite. **37**

- ¿Te gusta la música?
  - Sí, me gusta mucho. / No me gusta mucho.
- ¿Te gustan las matemáticas?
  - No, no me gustan nada.

6 Pregunta a tu compañero, como en el ejercicio anterior, y completa la siguiente tabla.

	MUCHO	NO MUCHO	NADA
El fútbol			
El cine			
El ordenador			
Las hamburguesas			
La música clásica			
La ensalada			

7 Escribe las cosas que le gustan y no le gustan a tu compañero.

A mi compañero le gusta mucho...

Pronunciación y ortografía

8 Escucha y repite. **38**

/r/ → -r-, -r   pera, naranja, araña

/r̄/ → -rr-   perro, pizarra, arroz
     r-   Rosa, Ramón

9 Escucha y completa con r/rr. **39**

1 to__o   6 ji__afa
2 __eloj   7 maca__ones
3 __ueda   8 compañe__a
4 __adio   9 __egla
5 zanaho__ias   10 ama__illo

10 Escucha otra vez y repite. **39**

treinta y siete **37**

→ Comer en España

Leer

1 Lee y contesta las preguntas.

> En España, la comida más importante es la de mediodía. Los españoles comen entre la una y las tres de la tarde. La gente come en su casa, en un restaurante o en el comedor escolar. El menú tiene tres platos. El primer plato es una sopa, una ensalada, arroz o pasta. El segundo tiene carne, pescado o huevo. Y el postre es fruta, flan, yogur o helado. A los niños españoles les gusta mucho la pasta con tomate, pero no les gustan mucho las verduras. De postre, casi todos comen fruta.

1 ¿A qué hora comen los españoles?
2 ¿Dónde comen los españoles?
3 ¿Qué comen de postre los españoles?
4 ¿Qué no les gusta en general a los niños?

Escuchar

2 Escucha a Celia y Ramón hablar de sus gustos y completa el cuadro. **40**

	Celia		Ramón	
	SÍ	NO	SÍ	NO
Pollo				
Patatas				
Pasta				
Fruta				
Verdura				
Pescado				

Escribir

3 Ordena los platos en la carta.

macarrones con tomate
ensalada • sopa
pollo con patatas
trucha
hamburguesa • flan
arroz con verduras
plátano • helado

Restaurante Pedro

Primer Plato

Segundo Plato

Postre

Hablar

4 En parejas. En un restaurante. **A** es el camarero y **B** es el cliente. Mira la carta del «Restaurante Pedro».

A ¿Qué quiere de primero?
B De primero quiero _____.
A ¿Qué quiere de segundo plato?
B De segundo quiero _____.
A ¿Y de postre?
B _____.

REFLEXIÓN Y EVALUACIÓN

Gramática

1 Completa las frases con la forma correspondiente del verbo *querer* o *haber*.

1. Mis padres _____ un coche nuevo.
2. En el frigorífico _____ leche.
3. María, ¿_____ un huevo frito?
4. Pedro y yo no _____ postre.
5. No _____ pan en la mesa.

2 Clasifica los siguientes nombres en dos grupos, contables e incontables, con su correspondiente artículo indeterminado cuando sea necesario.

galletas • pan • patatas • agua • pera
cebolla • plátano • azúcar • filetes • arroz • queso

CONTABLES		INCONTABLES
SINGULAR	PLURAL	SÓLO SINGULAR
	unas galletas	pan

3 Completa las frases, utilizando *un, una, unos, unas*, cuando sea necesario.

1. Quiero _____ manzana.
2. Juan tiene _____ pantalones nuevos.
3. ¿Queréis _____ azúcar?
4. ¿Tienes _____ leche?

4 Completa las frases con el pronombre (*me, te...*) más *gusta / gustan*.

1. ¿A ti _____ el flamenco?
2. A mis padres _____ México.
3. ¿A vosotros _____ los animales?
4. A mí _____ el español.

Vocabulario

5 Nombra los siguientes alimentos.

Comunicación

6 Ordena las palabras en las siguientes frases de las conversaciones entre dos amigos.

- ¿ / música / te / clásica / gusta / la / ?
- me / música / no / mí / a / gusta / «pop» / la

- ¿ / jugar / te / al / gusta / baloncesto / ?
- gusta / sí / mucho / me

Autoevaluación

Mis resultados en esta unidad son:

Muy buenos ☐
Buenos ☐
No muy buenos ☐

treinta y nueve **39**

5 ¿DÓNDE ESTÁN LAS LLAVES?

1 Relaciona las palabras con las habitaciones de la casa. Después escucha y comprueba. **41**

**terraza   recibidor   cuarto de baño
dormitorio   cocina   jardín
salón-comedor**

2 Escucha los sonidos. ¿Dónde está Guillermo? **42**

3 Clasifica el mobiliario del recuadro en las diferentes habitaciones. Después, escucha, comprueba y repite. **43**

mesa • fregadero • espejo • cama • armarios • lámpara estantería • lavabo • lavadora • alfombra • frigorífico ducha • ordenador • sillas • sillón • cuadros • cocina bañera • televisión • póster • sofá • teléfono

comedor	cocina	baño	dormitorio

4 Escribe seis frases verdaderas sobre la casa del dibujo, como en el ejemplo.

salón / silla
En el salón hay seis sillas.

lavabo / jardín
En el jardín no hay lavabo.

5 Contesta las preguntas.

1 ¿Cuántas sillas hay en el dormitorio?
2 ¿Dónde está el ordenador?
3 ¿Cuántos espejos hay en la casa?
4 ¿Qué hay en la cocina?
5 ¿Dónde está el lavabo?

6 Relaciona los adjetivos con sus contrarios.

a grande   1 antiguo
b nuevo   2 feo
c cómodo   3 incómodo
d moderno   4 pequeño
e bonito   5 viejo

PARA APRENDER

7 Tacha la palabra que no corresponda en cada serie.

1 grande, ~~jardín~~, bonita, pequeña.
2 cama, armario, frigorífico, espejo.
3 mesa, sofá, sillas, pueblo.
4 chalé, cochera, piso, casa.
5 estantería, alfombra, lámpara, cocina.
6 ventana, salón, cocina, dormitorio.
7 teléfono, bicicleta, televisión, ordenador.

- Nombre de las partes de la casa y mobiliario
- Adjetivos descriptivos → Distintas viviendas

Distintas viviendas en el planeta Tierra

Hoy en día, más de la mitad de la población mundial vive en ciudades. Pero en otros lugares del planeta hay paisajes de arena, hielo o bosques, donde también vive el hombre.

1. Pedro es español y vive en Madrid con su familia. Los habitantes de su ciudad viven en bloques de pisos y apartamentos o en chalés adosados o individuales.

2. Akhaya vive en el Sahara, el desierto más grande del mundo. Su familia es nómada y vive en tiendas sobre la arena.

3. Ikalé es una india brasileña y vive en la selva del Amazonas, la más grande del mundo. Vive en una cabaña construida sobre troncos de madera, al lado del río Amazonas.

4. Vera vive en Groenlandia, al lado del Polo Norte. Tienen el invierno más frío del mundo. Viven en casas de hielo, que se llaman iglús.

5. Betty es irlandesa. Vive con su familia en una pequeña granja con muchos animales, al lado de un lago.

8 Lee y escucha el texto sobre los distintos tipos de vivienda. Despues, contesta las preguntas. 44

1. ¿Quién vive en una gran ciudad?
2. ¿Quién vive en una granja?
3. ¿Quién vive al lado del río Amazonas?
4. ¿Cómo se llaman las casas de hielo?
5. ¿Dónde viven los nómadas del desierto?

9 ¿Verdadero o falso? (V/F)

1. Los habitantes de Madrid viven en iglús. ☐
2. Groenlandia está cerca del Polo Norte. ☐
3. La selva del Amazonas es la más grande del mundo. ☐
4. En la selva brasileña hay cabañas construidas sobre troncos. ☐
5. En el Sahara hay granjas. ☐

5
→ Verbo *estar* → Preposiciones de lugar → Oposición *ser* / *estar*

Presente del verbo *estar*

yo	estoy
tú	estás
él / ella / Vd.	está
nosotros/as	estamos
vosotros/as	estáis
ellos / ellas / Vds.	están

1 Completa las frases con la forma correspondiente del verbo *estar*.

Alfredo **está** en el gimnasio.

1 Pedro y Elisa no _____ en casa.
2 Juan _____ en la biblioteca.
3 ¿Dónde _____ tú por las mañanas?
4 Yo no _____ en casa a la hora de comer.
5 Mis amigos y yo _____ en el equipo del colegio.
6 Vosotros no _____ en la lista.

2 Completa el mensaje que Mario envía a Ana con las formas correspondientes del verbo *estar*.

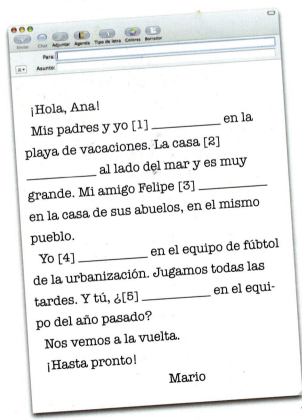

¡Hola, Ana!
Mis padres y yo [1] _____ en la playa de vacaciones. La casa [2] _____ al lado del mar y es muy grande. Mi amigo Felipe [3] _____ en la casa de sus abuelos, en el mismo pueblo.
Yo [4] _____ en el equipo de fútbol de la urbanización. Jugamos todas las tardes. Y tú, ¿[5] _____ en el equipo del año pasado?
Nos vemos a la vuelta.
¡Hasta pronto!
Mario

Preposiciones

3 Observa la habitación de Mario. Después contesta las preguntas, utilizando la preposición correspondiente.

¿Dónde está el ordenador?
El ordenador está encima de la mesa.

1 ¿Dónde están los libros?
2 ¿Dónde está la pelota?
3 ¿Dónde está el ratón?
4 ¿Dónde están los zapatos?
5 ¿Dónde está el móvil?

4 Ahora escucha a la madre de Mario y completa la tabla, colocando cada cosa en su lugar. **45**

OBJETOS	SU LUGAR

Gramática

Usos del verbo *ser* y *estar*

- El verbo **ser** expresa cualidades o características:

    *Mis vecinos **son** colombianos.*
    *Mi pueblo **es** muy bonito.*
    *Mis zapatos **son** nuevos.*

- El verbo **estar** se usa para expresar lugar o posición.

    *Mis vecinos **están** en Colombia.*
    *Mi pueblo **está** en España.*
    *Mis zapatos **están** en el armario.*

5 Ahora completa las frases con la forma correspondiente del verbo *ser* o *estar*.

1. Las llaves _____ encima de la mesa.
2. Mi cometa _____ roja y negra.
3. Su familia _____ en la playa.
4. Estos muebles _____ muy antiguos.
5. Yo _____ con mi perro en el jardín.

6 Escribe frases utilizando los verbos *ser* y *estar*, a partir de los siguientes pares de palabras.

televisión / salón
La televisión está en el salón.

1. camas / dormitorios
2. niña / pequeña
3. ordenadores / nuevos
4. comida / mesa
5. mis amigos / discoteca
6. el baúl / antiguo

7 Lee la descripción del salón de Guillermo. Después, describe el salón de tu casa y dibújalo.

Esta es la casa de Guillermo. En el salón hay un sofá grande y cómodo al lado de la ventana. Hay tres cuadros muy bonitos en la pared, encima del sofá. Delante del sofá hay una mesa pequeña con una alfombra antigua debajo. Al lado del sofá, hay un sillón pequeño y encima de la mesa, una lámpara moderna.

8 Completa la siguiente descripción con la forma correspondiente de los verbos *ser* y *estar*.

Mi pueblo y su castillo

Vivo en Arévalo con mi familia. Arévalo [1] _____ en España. ¡[2] _____ un pueblo estupendo!

Algunos edificios [3] _____ muy antiguos, como el castillo o el Ayuntamiento, que [4] _____ en la plaza Real.

Las piscinas [5] _____ nuevas y [6] _____ detrás del parque. El cine no [7] _____ muy grande, pero mis amigos y yo vamos todos los domingos.

Nosotros [8] _____ en el equipo de fútbol infantil y [9] _____ muy buenos.

5

→ Ubicación de objetos y personas: ¿Dónde está...? → Descripción de la casa

1 Lee y escucha. **46**

En casa del abuelo

ABUELO: ¡Hola, chicos!
JULIA: ¡Hola, abuelo! Mira, esta es nuestra amiga Graciela.
ABUELO: ¡Hola! ¿Qué tal?
GRACIELA: Bien, gracias.
PABLO: Abuelo, ¿dónde está mi madre?
ABUELO: Está arriba, en la cocina. ¿Queréis la merienda?
JORGE: Primero, vamos a enseñarle la casa a Graciela.
JULIA: Este es el salón. Todos los muebles son muy antiguos. Este baúl es de mi bisabuelo. La mesa y la lámpara son de una tienda de antigüedades.
GRACIELA: ¿Y este piano?
PABLO: Es el piano de la abuela. Julia y Jorge practican aquí todas las tardes.
JORGE: Vamos a ver el comedor.
LA MADRE DE JORGE: ¡Hola, chicos! ¿Queréis un vaso de leche?
PABLO: Sí, vale; y subimos a la habitación a jugar con el ordenador.
LA MADRE DE JORGE: De acuerdo. Yo subo la merienda a la terraza.
GRACIELA: ¡Qué casa más grande!
JULIA: ¿Cómo es tu casa de Buenos Aires?
GRACIELA: Vivimos en un departamento de cuatro habitaciones con un pequeño balcón. Vamos a mi casa y les enseño unas fotos... Pero... ¿dónde están mis llaves? ¡Ah! Están encima de la mesa de mi habitación.

2 Contesta las preguntas.
1. ¿De quién es la casa?
2. ¿Dónde está la madre de Jorge?
3. ¿Dónde está el piano?
4. ¿Dónde está el ordenador?
5. ¿Dónde están las llaves de Graciela?

3 ¿Verdadero o falso? (V/F)
1. La madre de Jorge está en la terraza. ☐
2. Los muebles del salón son antiguos. ☐
3. El abuelo toca el piano por las tardes. ☐
4. Graciela vive en un piso. ☐
5. El piso de Graciela tiene dos habitaciones. ☐

→ La /x/

Comunicación

4 Escucha y repite. **47**

- ¿Dónde está mi madre?
- Está en la cocina.
- ¿Dónde están mis hermanos?
- Están en el colegio.

5 Ahora, pregunta y contesta a tu compañero, como en el ejercicio anterior.

① ALBERTO
② LOS NIÑOS
④ JUAN
⑤ SOFÍA

6 Escucha y repite. **48**

- ¿Cómo es tu casa?   ■ Mi casa es grande y moderna.

7 Ahora, pregunta y contesta cómo son los objetos. Utiliza los adjetivos del recuadro.

pequeño
grande
antiguo
bonito
rojo

1 coche
2 pelota
3 jardín
4 baúl
5 perro

Pronunciación y ortografía

8 Escucha y repite. **49**

→ ja, je, ji, jo, ju
→ ge, gi

9 Escucha y repite. **50**

julio • jugar • Japón
jirafa • jamón
giro • gema
rojo • jefe • página

cuarenta y cinco **45**

5 → ¿Cómo es la casa de tus sueños?

DESTREZAS

Leer

1 Marta explica a Pierre cómo es su casa. Lee el mensaje.

> Querido Pierre, ¿cómo estás?
>
> Hoy voy a explicarte cómo es mi casa. Yo vivo en un piso. No es muy grande, pero a mí me gusta mucho. Tiene tres dormitorios, un salón, una cocina y dos cuartos de baño. El dormitorio grande es de mis padres, y los otros dos son más pequeños, uno es mío y el otro es de mi hermano.
>
> En mi dormitorio hay una cama, un armario para la ropa, una mesa con el ordenador, una estantería con libros y, lo más interesante: en las paredes tengo un montón de pósters de mis cantantes favoritos. A mis padres no les gustan nada los pósters, pero es mi habitación. ¿A ti te gustan los pósters? ¿Cómo es tu dormitorio?
>
> Escribe pronto.
>
> Un saludo,
>
> Marta

2 Corrige las siguientes afirmaciones. Escribe las respuestas en tu cuaderno.

Marta vive en un chalé.
Marta vive en un piso.

1 La casa de Marta tiene cuatro dormitorios.
2 El dormitorio de Marta es grande.
3 En su dormitorio hay dos camas.
4 Marta tiene muchos cuadros en las paredes.

Escribir

3 Describe tu casa ideal. Para ayudarte, piensa en estas preguntas.
- ¿Dónde está: cerca de la playa; en un pueblo, en una ciudad?
- ¿Cuántos dormitorios tiene?
- ¿Tiene jardín, terraza, patio…?

Escuchar

4 Escucha a Pedro, Elena y Luis hablar de sus casas. Los tres viven en Valencia, una provincia cerca del mar. Completa el cuadro. **51**

	PEDRO	**ELENA**	**LUIS**
TIPO	piso		
DORMITORIO	3		
TERRAZA	Sí		
APARCAMIENTO	No		

Hablar

5 En parejas. **A** explica cómo es su dormitorio y **B** dibuja un plano con las explicaciones que le da **A**.

46 cuarenta y seis

1 Completa las frases con la forma correspondiente de los verbos *ser* o *estar*.

1 El lavabo _____ en el cuarto de baño.
2 Mi casa _____ grande y nueva.
3 Las palabras _____ en el diccionario.
4 Tus muebles _____ modernos.
5 Mi padre y yo _____ en la terraza.
6 Yo _____ en mi habitación.

2 Contesta las preguntas, fijándote en los dibujos.

• ¿Dónde están las llaves?
■ *Encima de la mesa.*

1 ¿Dónde está el gato? _____

2 ¿Dónde está la alfombra? _____

3 ¿Dónde está el cuadro? _____

4 ¿Dónde está el coche? _____

5 ¿Dónde está la pelota? _____

3 ¿En qué habitación están estos objetos?

la cama • la bañera • el lavabo
el sofá • el frigorífico

4 Ordena las conversaciones.

• ¿ / mi / está / abuela / dónde / ?
■ el / está / jardín / en

• ¿ / dormitorio / es / tu / cómo / ?
■ grande / es / cómodo / y

5 Observa el dibujo y completa la descripción con las preposiciones adecuadas.

En este dormitorio hay una cama pequeña [1] _____ de la ventana. Hay una silla [2] _____ del armario y un cuadro grande en la pared. Hay dos estanterías [3] _____ de la cama. El ordenador está [4] _____ de una mesa pequeña [5] _____ del armario. [6] _____ de la puerta hay un espejo.

Autoevaluación

Mis resultados en esta unidad son:

Muy buenos ☐
Buenos ☐
No muy buenos ☐

6

¿a dónde vas?

1 Relaciona las palabras con los edificios y comercios del mapa. Después, escucha y comprueba. **52**

restaurante   iglesia   parque   cine   polideportivo
oficina de correos   supermercado   museo   farmacia   librería   biblioteca
estación de tren   instituto   hotel

2 Contesta las preguntas.

■ ¿Dónde compras la comida?
● *En el supermercado.*

1 ¿Dónde coges el tren?
2 ¿Dónde te prestan libros?
3 ¿Dónde practicas deporte?
4 ¿Dónde comes el menú del día?
5 ¿Dónde compras las medicinas?
6 ¿Dónde ves las películas?

3 Encuentra los edificios en el mapa.

Está enfrente del cine.
El polideportivo.

1 Está entre la librería y el cine.
2 Está cerca del parque.
3 Está al lado del museo.
4 Está enfrente de la farmacia.
5 Está a la derecha del supermercado.

4 Mira el mapa y di dónde están los lugares, utilizando las preposiciones entre paréntesis.

La librería (al lado).
La librería está al lado de la iglesia.

1 La estación de tren (cerca).
2 El supermercado (enfrente).
3 El restaurante (a la derecha).
4 La farmacia (a la izquierda).
5 El polideportivo (entre).

→ Establecimientos → Preposiciones de lugar
→ Profesiones y lugares de trabajo

VOCABULARIO

5 Mira los dibujos y rodea con un círculo la preposición correcta.

El niño está...

1 delante / detrás
2 al lado / detrás
3 al lado / enfrente
4 cerca / entre
5 delante / al lado

6 Di dónde están estos edificios en tu localidad, como en el ejemplo. Utiliza las preposiciones de lugar.

- ¿Dónde está tu casa?
- Enfrente del instituto.

1 el cine
2 la estación de tren
3 el polideportivo
4 la oficina de correos
5 el hospital

Profesiones

7 Relaciona las profesiones del recuadro con las fotos.

bibliotecario • cajera • jardinero • profesora
camarera • médico

8 Escucha las siguientes personas hablando de sus profesiones. Después relaciona las profesiones con los lugares de trabajo. **53**

Profesiones	Lugares de trabajo
1 Cajera	a Farmacia
2 Camarero	b Hospital
3 Farmacéutico	c Iglesia
4 Profesora	d Restaurante
5 Librera	e Supermercado
6 Médico	f Parque
7 Jardinero	g Instituto
8 Bibliotecaria	h Biblioteca
9 Sacerdote	i Librería

cuarenta y nueve **49**

6
→ Presente de los verbos irregulares → Imperativo → Análisis de errores

Verbos irregulares: presente

Pronombre sujeto	Verbos irregulares		
	Cerrar	Ir	Venir
yo	cierro	voy	vengo
tú	cierras	vas	vienes
él / ella / Vd.	cierra	va	viene
nosotros/as	cerramos	vamos	venimos
vosotros/as	cerráis	vais	venís
ellos / ellas / Vds.	cierran	van	vienen

1 Rellena los huecos con la forma correcta del verbo.

1. La biblioteca (cerrar) _____ a las ocho y media.
2. Laura (ir) ___ a la piscina los lunes.
3. Juan no (venir) _____ a mi fiesta.
4. Los supermercados (cerrar) _____ los domingos.
5. Mis amigos y yo (ir) _____ al gimnasio los martes.
6. ¿Cómo (venir) _____ tú al colegio?
7. Yo siempre (cerrar) _____ la puerta con llave.
8. Mis hermanos (venir) _____ al colegio en autobús.
9. Yo (ir) ___ al fútbol con mi padre.
10. ¿Tú (ir) ___ al cine los domingos?

Imperativo

VERBOS REGULARES

Infinitivo	Imperativo
cortar	corta (tú)
pegar	pega (tú)
abrir	abre (tú)
escribir	escribe (tú)
aprender	aprende (tú)
tomar	toma (tú)

VERBOS IRREGULARES

Infinitivo	Imperativo
cerrar	cierra (tú)
venir	ven (tú)
ir	ve (tú)

2 Completa las instrucciones con las palabras del recuadro.

> corta • ven • abre • coge • escribe • ve
> trae • estudia • pega • cierra

1. _____ el lápiz con la mano derecha.
2. _____ las fotos en el álbum.
3. _____ la hoja por la mitad.
4. _____ el libro por la página cincuenta.
5. _____ la ventana. Tengo frío.
6. _____ a mi casa esta tarde.
7. _____ el ejercicio en la pizarra.
8. _____ a la cocina y _____ la sal.
9. _____ los verbos para el examen.

3 Relaciona los dibujos con las órdenes.

¡Toma uno!   ¡Abre la puerta!
    Escribe tu nombre
¡Corta el césped!   Pega los cromos aquí

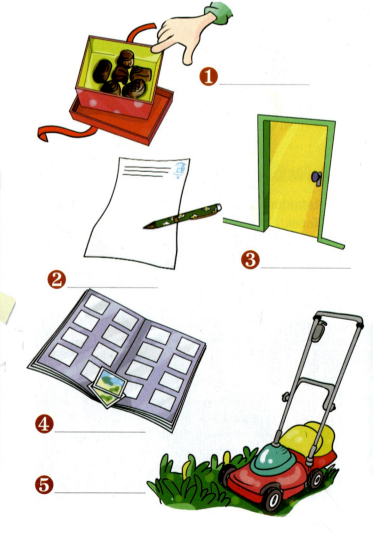

❶ _____
❷ _____
❸ _____
❹ _____
❺ _____

GRAMÁTICA

4 En grupos. Escribe cuatro instrucciones en diferentes trozos de papel. Utiliza las palabras del recuadro.

→ Mezcla los trozos de papel.
→ Cada estudiante coge un trozo de papel y lee la instrucción.
→ Cada instrucción realizada correctamente gana un punto para el equipo.
¡Abre tu libro!

VERBOS
coger • cerrar • escribir
abrir • ir • venir

OBJETOS
trozo de papel • libro • bolígrafo
ventana • pizarra • mesa

PARA APRENDER

5 En cada frase hay un error. Corrígelo.

1 ¿A qué hora abre los bancos?
2 Yo cierra la ventana.
3 Mi casa es al lado del colegio.
4 ¿Cómo viene tú al instituto?
5 ¿Vienes con mí a la piscina?
6 Julia, abri la puerta.
7 Pablo, cerra la ventana.

6 Lee el texto.

En Cuba: Música en la calle.

A Lucumí, un niño cubano de doce años, le gusta mucho la percusión. Él y sus amigos tocan con latas de conserva y cubos de basura, mientras las niñas cantan y bailan. En las calles se respira alegría. Un día, Lucumí conoce a un músico cubano y gracias a él aprende a tocar el tambor y otros instrumentos de percusión. Lucumí cierra los ojos para sentir mejor el ritmo. Su sueño es ser algún día el mejor percusionista de Cuba.

7 Responde las preguntas.

1 ¿De dónde es Lucumí?
2 ¿Qué hacen las niñas mientras los niños tocan?
3 ¿Quién le enseña a Lucumí a tocar los instrumentos de percusión?
4 ¿Cuál es su sueño?

8 Fabrica tu propio tambor. Ordena las instrucciones y relaciónalas con los dibujos. Después, escucha y comprueba tus respuestas. **54**

- Pega cada círculo en uno de los extremos de cada tubo. ☐
- Corta un tubo de cartón en tres trozos. ☐
- Pinta los tambores con los colores vivos. ☐
- Recorta tres círculos de plástico adhesivo. ☐
- Pégalos entre sí con cinta adhesiva. Ahora vamos a la plaza a bailar al ritmo del tambor. ☐

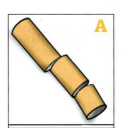
A

B

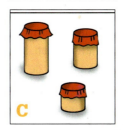
C

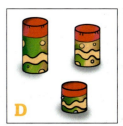
D

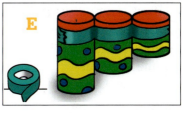
E

6
→ ¿A dónde vas?   → Horarios: ¿A qué hora...?   → ¿Cómo vas a clase?   → La *b* = *v*

1 Lee y escucha. 55

¿A dónde vas?

GRACIELA: ¡Hola! ¿A dónde vas?
JORGE: Voy a la biblioteca. Necesito un libro para la clase de Naturales. ¿Vienes conmigo?
GRACIELA: Bueno, pero... ¿a qué hora cierra?
JULIA: A las ocho y media.
PABLO: Tenemos tiempo. Vamos ahora mismo.

BIBLIOTECARIA: ¡Hola, chicos! Tengo un trabajo para vosotros: el próximo mes es la Fiesta Mayor y el Ayuntamiento publica una revista sobre el pueblo. ¿Por qué no ayudáis?
JULIA: ¡Estupendo! ¿Qué hacemos?
BIBLIOTECARIA: Todo vale: entrevistas, reportajes, noticias... Un poco de imaginación y a trabajar.

JULIA: Yo necesito un cuaderno para las entrevistas.
JORGE: ¿Ah, sí? Hay una papelería en la calle Zapateros.
JULIA: ¿Sí? ¿Cuál?
PABLO: Sí, una que está al lado de la farmacia.
GRACIELA: ¿Cómo vamos, caminando o en bici?
JORGE: Mejor en bici. Yo voy a la oficina de correos y entrevisto al cartero. Pablo, ¿tú a dónde vas?

PABLO: Yo voy a la granja del tío Justo para fotografiar a sus animales.
JULIA: Nosotras vamos al polideportivo y a la pizzería nueva. Por cierto, ¿a qué hora abren?
JORGE: A las siete. Vamos ahora y nos llevamos una pizza para cenar.

2 Contesta las siguientes preguntas.
1 ¿Quién publica la revista?
2 ¿Quién tiene una cámara?
3 ¿A dónde va Jorge?
4 ¿A dónde van Graciela y Julia?

3 ¿Verdadero o falso? (V/F)
1 La biblioteca cierra a las ocho de la tarde. ☐
2 La bibliotecaria publica una revista. ☐
3 Van a la papelería en bicicleta. ☐
4 Pablo entrevista al cartero. ☐

cincuenta y dos

Comunicación

4 Mira la agenda de Lorena y pregunta y contesta a tu compañero, como en el ejemplo.

- ¿A dónde va Lorena el lunes?
- El lunes va a la piscina.

LUNES	Piscina
MARTES	Supermercado
MIÉRCOLES	Biblioteca
JUEVES	Clase de informática
VIERNES	Cine
SÁBADO	Casa de los abuelos
DOMINGO	Iglesia

5 Haz tu propia agenda y pregunta y contesta a tu compañero, como en el ejemplo.

- ¿Dónde vas el lunes?
- El lunes voy a…

¡OBSERVA!
De 1 h. a 12 h. …de la mañana
De 13 h. a 20 h. …de la tarde
De 21 h. a 24 h. …de la noche

6 Observa los carteles y pregunta a tu compañero, como en el ejemplo.

- ¿A qué hora abre la biblioteca?
- A las cinco de la tarde.
- ¿Y a qué hora cierra?
- A las ocho y media de la tarde.

MUSEO — ABIERTO DE 9 H. A 24 H.
BIBLIOTECA — HORARIO DE 17 H. A 20:30 H.
PISCINA — ABIERTO DE 16:30 H. A 22 H.
CINE — ABIERTO DE 18:20 H. A 23:30 H.
FARMACIA — HORARIO DE 10 H. A 21 H.
INSTITUTO — HORARIO DE 8:15 H. A 14:45 H.

7 ¿Cómo van a clase?

Carmen / tren
- ¿Cómo va Carmen a clase?
- Va en tren.

1 Laura y Carlos / andando

2 Pedro / moto

3 David y Sergio / bici

4 María / autobús

 Pronunciación y ortografía

8 Escucha y repite. 56

abuelo   vienes   vamos
bien   bueno   ven
vivimos   bebemos

'b' = 'v'

9 Completa con *b* o *v*.
1 Juan estudia en su ha_itación.
2 Elena _e_e agua.
3 Graciela _i_e en un pueblo.
4 ¿__amos a la _i_lioteca?
5 Jorge tiene un _alón.

6 → Madrid → El barrio de mis sueños

1 Lee el siguiente texto sobre Madrid.

Madrid

Madrid está en el centro de España. Es una ciudad muy grande, tiene tres millones de habitantes. Es una ciudad moderna con edificios altos y avenidas anchas. Pero también tiene barrios con casas antiguas y calles estrechas.

Además, aquí está uno de los museos de pintura más importantes del mundo, el Museo del Prado. Los transportes públicos son buenos y no son caros. Se puede recorrer la ciudad en metro o en autobús. O también se puede pasear por el Retiro, el parque más famoso. Pero una de las cosas que más les gusta a los extranjeros que la visitan es la vida nocturna. Por la noche, mucha gente sale a los teatros, cines, discotecas y conciertos de música clásica.

2 Corrige las siguientes afirmaciones. Escribe las respuestas en tu cuaderno.

> Madrid está al lado del mar.
> *Madrid está en el centro de España.*

1 Madrid es una ciudad pequeña y antigua.
2 Los transportes públicos de Madrid son viejos y caros.
3 En Madrid no hay metro.
4 A los extranjeros les gusta la playa.

3 ¿Conoces estas palabras? *Rectángulo, triángulo, cuadrado, círculo.* Escucha y sigue las instrucciones. **57**

5 Habla con tu compañero sobre el barrio de vuestros sueños. Pregúntale y anota las respuestas.

1 ¿Tu barrio tiene piscina?
2 ¿En tu barrio hay coches, autobuses, metro?
3 ¿Dónde está la pastelería?
4 ¿Cuántos campos de fútbol tiene?
5 ¿Qué hay al lado del colegio?
6 ¿Qué hay al lado de tu casa?

4 Describe el barrio de tus sueños. Lee este modelo.

> En el barrio de mi sueños hay un campo de fútbol muy grande. No pasan coches por la calle, la gente va en autobús. También hay dos piscinas, una de invierno y otra de verano. Al lado de mi colegio hay una tienda que vende chucherías: patatas fritas, frutos secos, caramelos y chicles. Enfrente del colegio hay un local para jugar con máquinas, videoconsolas y son gratis, no hay que pagar. Es un barrio estupendo.

Reflexión y evaluación

 Gramática

1 Completa las frases con la forma correcta del verbo.

1. La bibliotecaria (cerrar) _____ la biblioteca a las ocho y media.
2. Mi perro y yo (ir) _____ al parque por las tardes.
3. Yo (venir) _____ con mi hermano al instituto todas las mañanas.
4. Los supermercados (cerrar) _____ a las ocho de la tarde.
5. Mi madre (ir) ___ de compras los viernes.

2 Completa las órdenes con el imperativo de los siguientes verbos.

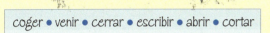

coger • venir • cerrar • escribir • abrir • cortar

1. _____ el pan con cuchillo.
2. _____ con buena letra.
3. _____ el dinero. Está encima de la mesa.
4. _____ la ventana. Hay mucho humo.
5. _____ el libro y ___ a la pizarra.

3 ¿Dónde está la manzana?

1. La manzana está _____ de la cesta.
2. La manzana está _____ de la cesta.

3. La manzana está _____ de la cesta.
4. La manzana está _____ de la cesta.

5. La manzana está _____ las cestas.

Vocabulario

4 Nombra los lugares.

5 ¿Dónde trabajan?

El médico: *en el hospital.*

1. el librero
2. la profesora
3. el jardinero
4. la farmacéutica
5. la bibliotecaria

6 Relaciona los lugares con las actividades que les corresponden.

a	polideportivo	1	comprar comida
b	supermercado	2	comprar medicinas
c	restaurante	3	comer
d	museo	4	ver películas
e	farmacia	5	ver obras de arte
f	cine	6	jugar al tenis y nadar

Comunicación

7 Ordena la conversación.

- ¿ / los / dónde / lunes / vas / ?
- supermercado / voy / al

- ¿ / hora / supermercado / qué / cierra / el / a / ?
- ocho / a / y / las / cuarto

Autoevaluación

Mis resultados en esta unidad son:

Muy buenos
Buenos
No muy buenos

Proyecto 2

Un folleto turístico

1 Lee el folleto sobre la ciudad de Córdoba. Completa el texto con las frases a-c.

a ... en tren de alta velocidad.
b ... podemos encontrar gran cantidad de hoteles y restaurantes.
c ... una de las ciudades más visitadas...

2 Observa las frases. ¿Para qué se usan las palabras «también» y «además»?

1 Tiene estación de tren y también de autobús.
2 La Mezquita es, además, la Catedral de Córdoba.
3 En el Barrio Judío podemos visitar los museos y también comer en sus restaurantes.

3 Une las frases utilizando «también» o «además».

1 Hay bares. Hay cafeterías.
2 Es importante por su historia. Es importante por sus monumentos.
3 Los turistas visitan la Mezquita. Los turistas hacen muchas fotos.

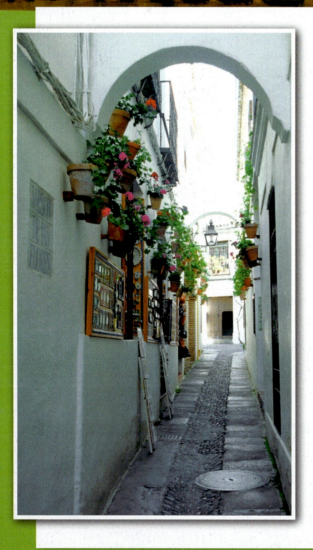

LA CIUDAD DE

■ Córdoba está situada en el sur de España, en Andalucía, y es una de sus ciudades más bellas y mejor conservadas.

■ Córdoba tiene unos 300 000 habitantes. Su temperatura media es de 18 °C. Es, además, **(1)**_____ por los turistas, por su importancia histórica y sus monumentos.

■ El monumento más visitado de Córdoba es la Mezquita. Está situada en el Barrio Judío, donde también **(2)**_____.
Además de la Mezquita, Córdoba tiene también importantes museos y monumentos.

■ Se puede llegar a Córdoba en coche, en autobús y también **(3)**_____.

4 Elabora un póster sobre tu ciudad favorita. No te olvides de incluir la siguiente información:

1. ¿Dónde está?
2. ¿Es grande / pequeña / interesante...?
3. ¿Qué lugares hay que visitar?
4. ¿Hay cafeterías, restaurantes, tiendas...?
5. ¿Cómo se puede llegar hasta allí?

5 Muestra tu póster ante la clase e informa a tus compañeros sobre tu ciudad favorita.

PORTFOLIO (unidades 4, 5 y 6)

Completa tu autoevaluación marcando en los recuadros tu nivel de adquisición en las distintas habilidades.

Muy bien = 1	Regular = 3
Bien = 2	Tengo que mejorar = 4

Escuchar
- Soy capaz de entender conversaciones sencillas sobre los alimentos que nos gustan y no nos gustan. ☐
- Puedo entender la descripción sencilla de una casa. ☐
- Soy capaz de entender y seguir instrucciones sencillas. ☐

Leer
- Puedo entender la información que aparece en un menú. ☐
- Soy capaz de obtener la información necesaria sobre una casa y su mobiliario a través de un texto sencillo. ☐
- Puedo comprender textos sencillos con información sobre una ciudad y sus servicios. ☐

Comunicación
- Sé preguntar y expresar mi opinión sobre cosas que me gustan y no me gustan. ☐
- Soy capaz de preguntar y contestar a mi compañero hablando sobre nuestras casas. ☐
- Puedo preguntar y responder sobre las actividades que hacemos a lo largo de una semana. ☐

Hablar
- Soy capaz de pedir la comida en un restaurante. ☐
- Puedo describir cómo es mi habitación y mi casa. ☐
- Puedo hablar sobre las cosas que tiene mi ciudad ideal y dónde están. ☐

Escribir
- Puedo diseñar un menú. ☐
- Sé escribir la descripción de mi casa ideal. ☐
- Soy capaz de escribir sobre cómo es mi ciudad. ☐

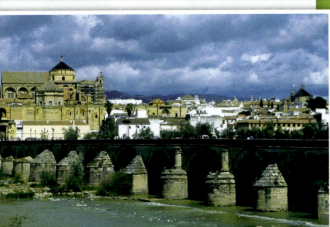

7 HÁBITOS

1 Escribe los meses del año en el orden correcto. Después, escucha, comprueba y repite. 🎧 **58**

abril • julio • octubre • enero • noviembre
mayo • febrero • diciembre • junio
septiembre • marzo • agosto

Calendario
Los meses del año

1	2
3	4
5	6
7	8
9	10
11	12

2 Pregúntale a cuatro compañeros, como en el ejemplo, y completa la tabla.

● ¿Cuándo es tu cumpleaños?
■ Mi cumpleaños es en diciembre.

Nombre				
Cumpleaños				

3 Escucha a Elena hablando de las fiestas españolas y escribe las fechas que oyes. 🎧 **59**

Año Nuevo: _____
Reyes: _____
Día del Padre: _____
Día de la Madre: _____
Fiesta Nacional: _____
Navidad: _____
Cumpleaños de Elena: _____

→ Meses del año → Animales domésticos y salvajes

ANIMALES: domésticos y salvajes

4 Escucha y repite los nombres de los siguientes animales. **60**

5 Copia y completa la tabla con los animales del ejercicio 4. Después, añade otros animales que tú conozcas.

ANIMALES DOMÉSTICOS	ANIMALES SALVAJES
vaca	león

6 ¿Qué animales escuchas? **61**

7 Lee y escucha el texto. **62**

EL NACIMIENTO DE UN POTRO

Rayo acaba de nacer. Su madre, la yegua, lava al potro de los pies a la cabeza. Rayo se despierta y respira con más fuerza. Una hora después se pone de pie. ¡Qué largas y delgadas son sus patas!

El primer día, el potro duerme, mama y se vuelve a dormir.

Durante los primeros meses, el potro mama 20 litros de leche al día. También come un poco de hierba. Engorda 1 kg cada día. Juega con su madre en la pradera.

Detrás de su simpática y tranquila mirada tal vez se esconde un futuro gran campeón.

8 Contesta las preguntas del test. **TEST**

a] El potro se pone de pie:
- ☐ 1/2 hora después de nacer
- ☐ 2 horas después de nacer
- ☐ 1 hora después de nacer

b] Al principio, el potro mama:
- ☐ 10 l de leche diarios
- ☐ 20 l de leche diarios
- ☐ 5 l de leche diarios

c] Sus patas son:
- ☐ gruesas y cortas
- ☐ largas y gruesas
- ☐ delgadas y largas

d] Los primeros meses, el potro come:
- ☐ sólo leche
- ☐ leche y hierba
- ☐ sólo hierba

e] El primer día de su vida, el potro:
- ☐ mama y duerme
- ☐ mama y corre
- ☐ come y salta

7
→ Verbo reflexivos   → Oposición *salir* / *volver*   → Preposiciones *a* / *de* / *por* / *con*

Verbos reflexivos: presente

Pronombre sujeto	Verbos reflexivos			
	Ducharse	Lavarse	Acostarse	Levantarse
yo	me ducho	me lavo	me acuesto	me levanto
tú	te duchas	te lavas	te acuestas	te levantas
él / ella / Vd.	se ducha	se lava	se acuesta	se levanta
nosotros/as	nos duchamos	nos lavamos	nos acostamos	nos levantamos
vosotros/as	os ducháis	os laváis	os acostáis	os levantáis
ellos / ellas / Vds.	se duchan	se lavan	se acuestan	se levantan

1 Rellena los huecos con la forma correcta del verbo.

1 Juan (ducharse) _____ todas las mañanas.
2 Mis hermanos (levantarse) _____ muy temprano.
3 Yo (lavarse) _____ la cabeza con champú de avena.
4 ¿Tú (ducharse) _____ todos los días?
5 Nosotros (lavarse) _____ las manos antes de comer.
6 ¿Vosotros (acostarse) _____ antes de las once?
7 Mi tío Luis (ducharse) _____ con agua fría.

3 Completa los huecos con uno de los verbos del recuadro.

> levantarse • lavarse • acostarse • sentarse
> ducharse • bañarse

1 En verano yo _____ en el mar.
2 ¿(Tú) _____ la cabeza todos los días?
3 ¿A qué hora _____ vosotros por la mañana?
4 Mi padre siempre _____ en el mismo sillón.
5 En invierno (nosotros) _____ con agua caliente.
6 Mis hermanos _____ muy tarde.

2 Escribe debajo de cada dibujo lo que hacen estas personas.

1 mi madre / ducharse
Mi madre se ducha.

2 nosotros / vestirse

3 mi padre / afeitarse

4 ellos / levantarse / a las 8

5 la niña / lavarse / las manos

6 yo / levantarse / temprano

GRAMÁTICA

→ Signos de puntuación

→ Verbos *salir y volver*

Pronom. Sujeto	Presente	
	Salir	Volver
yo	salgo	vuelvo
tú	sales	vuelves
él / ella / Vd.	sale	vuelve
nosotros/as	salimos	volvemos
vosotros/as	salís	volvéis
ellos / ellas / Vds.	salen	vuelven

→ Uso de las preposiciones

Salgo de casa muy temprano.
Llego a la escuela *a* las ocho y media.
Voy a la biblioteca *por* las tardes.
Juego con mis amigos los domingos.

4 Completa los huecos del texto de José con la preposición adecuada.

MI FIN DE SEMANA

Los sábados salgo [1] *de* casa pronto y llamo a mis amigos. Mis amigos y yo llegamos [2] ___ polideportivo a las once de la mañana y jugamos [3] ___ el equipo del colegio. Después vamos [4] ___ parque y tomamos un aperitivo con los otros compañeros. A las seis la tade yo voy [5] ___ cine y llego [6] ___ casa antes de cenar. Los domingos mis abuelos vienen [7] ___ comer. Después de comer, mi familia y yo no salimos. [8] ___ la tarde, yo juego [9] ___ el ordenador. Me voy [10] ___ la cama temprano.

5 Di a qué verbos pertenecen las siguientes formas verbales.

salimos *salir*

1 llego ....
2 viene ....
3 jugamos ....
4 voy ....

6 Construye frases, como en el ejemplo.

Teresa / levantarse / a las ocho.
Teresa se levanta a las ocho.

1 Mi hermano / ducharse / por la noche.
2 Nosotros / salir / del colegio a las dos y media.
3 ¿Vosotros / lavarse / con agua fría?
4 Yo / acostarse / antes de las once.
5 Elena y Marisa / llegar / a casa antes de comer.
6 ¿Tú / ir / al fútbol los domingos por la tarde?
7 ¿A qué hora / volver (tú) / del colegio?

PARA APRENDER

7 Relaciona:

1 ¿Dónde vives?
2 A mí me gustan las tortugas.
3 ¡Qué gato tan bonito!
4 Pablo, ven aquí.
5 Todos los días veo la tele.
6 ¿Cómo te llamas?

a Punto
b Coma
c Mayúscula
d Interrogación
e Admiración
f Acento

8 Escribe los signos de puntuación que faltan en las frases siguientes.

1 Estupendo
2 A qué hora sales de casa
3 Hoy no quiero más helado
4 Hola que tal
5 Cristina cierra la ventana
6 Cómo vas a clase

7 ¿A qué hora te levantas? → Entonación interrogativa y exclamativa

1 Lee y escucha. 63

¿A qué hora te levantas?

JORGE: Estamos con el tío Justo en su granja. Cuéntanos, ¿a qué hora te levantas?

JUSTO: Todos los días me levanto muy temprano, a las 6, para ordeñar las vacas. Después salgo al campo con el tractor. Llego a casa por la tarde.

PABLO: ¿A qué hora te acuestas?

JUSTO: Cuando llego a casa, riego el huerto y ceno. Después de cenar, veo la televisión y me acuesto.

JORGE: Gracias, Justo. Tu información es muy interesante para nuestros lectores.

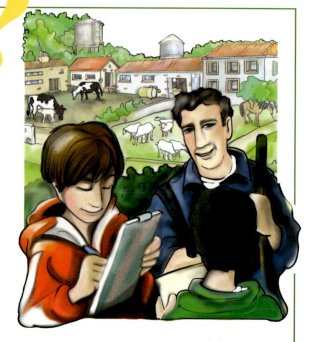

JULIA: Estamos en la nueva pizzería. Con nosotros está Gofredo, el cocinero italiano. ¿A qué hora abrís el restaurante?

GOFREDO: Yo vengo a las once de la mañana y preparo todos los ingredientes. Pero el restaurante no se abre hasta la una de la tarde.

GRACIELA: Y por la noche, ¿a qué hora volvés a tu casa?

GOFREDO: La cocina cierra a las once y media de la noche. Pero nosotros nos vamos más tarde. Por cierto… ¿os quedáis a comer?

2 Contesta las siguientes preguntas.
1. ¿Dónde trabaja el tío Justo?
2. ¿Cuándo ve la televisión?
3. ¿A quién entrevistan Julia y Graciela?
4. ¿A qué hora abre el restaurante?

3 ¿Verdadero o falso? (V/F)
1. El tío Justo sale al campo con las vacas. ☐
2. Por la tarde, el tío Justo va a regar el huerto. ☐
3. Gofredo llega al restaurante a las doce de la mañana. ☐
4. El cocinero es francés. ☐

4 Pregúntale a tu compañero, como en el ejemplo. Utiliza los verbos del recuadro.

> salir de casa • llegar a casa • comer
> hacer los deberes • acostarse

● ¿A qué hora te levantas?
■ Me levanto a las 8 de la mañana.

Comunicación

5 Di lo que haces un domingo cualquiera, utilizando los verbos del recuadro.

> levantarse • ir • jugar • ver • comer • llegar • ducharse • cenar

6 Pregunta a tu compañero sobre su vida diaria.

1 ¿A qué hora / levantarse?
¿A qué hora te levantas?

2 ¿Qué / desayunar?

3 ¿A qué hora / salir / de casa?

4 ¿Dónde / comer?

5 ¿Qué / hacer / después de clase?

6 ¿A qué hora / volver / a casa?

7 ¿A qué hora / ver / la televisión?

8 ¿A qué hora / acostarse?

7 Escribe un texto con la información que te ha dado tu compañero/a.

Mi compañero/a se levanta...

Pronunciación y ortografía

8 Escucha y repite. **64**

> ¡Mira, un león!
> ¡Vamos!
> ¿A qué hora te levantas?

9 Escucha y escribe el signo adecuado: ¿?/¡! **65**

1 Qué comes
2 Qué grande es
3 Estupendo
4 Cierra la ventana
5 A dónde vas
6 Qué dice Luis

10 Escucha otra vez y repite. **65**

sesenta y tres **63**

7
- La rutina del cuidador de zoo
- Osos panda en Madrid

 Leer

1 Lee el texto y responde las preguntas.

UN DÍA CON PEDRO MARTÍNEZ

Pedro Martínez es cuidador del zoo de Madrid. Su trabajo empieza muy temprano, a las 6. Primero da de comer a los mamíferos: leones, ciervos, cebras. Luego va al terrario donde están las serpientes y las boas. Y, por último, desayunan las aves, que se despiertan más tarde.

Después del desayuno viene la limpieza de las jaulas y camas de los animales que tiene a su cargo. Si hay algún animal enfermo, Pedro llama al veterinario y lo ayuda. Así pasa la mañana, hasta las dos de la tarde: para una hora para comer y hablar con los compañeros del zoo. Por la tarde, Pedro recorre el zoo para controlar y vigilar a sus amigos. A todos los conoce por su nombre. A las 5 de la tarde termina su trabajo.

1 ¿Qué animales desayunan primero?
2 ¿Qué hace Pedro después de dar el desayuno a sus animales?
3 ¿Quién visita a los animales enfermos?
4 ¿Cuánto tiempo tiene Pedro Martínez para comer?

 **Escuchar**

2 Escucha la noticia. Contesta las preguntas y completa la tabla. **66**

1 ¿Quién regala los osos?
2 ¿A quién se los regala?
3 ¿Cuántos osos panda viven en China?
4 ¿Cuántos viven en zoos fuera de China?

	Bingxing (macho)	Hua Zuiba (hembra)
Edad		
Peso		
¿Dónde viven?		

 **Escribir**

3 ¿Tienes un animal en casa? Contesta a las preguntas siguientes y luego escribe un párrafo en tu cuaderno. Si no tienes ningún animal, pregunta a algún amigo.

¿Cómo se llama? ¿Cuántos años tiene? ¿Es grande o pequeño? ¿Qué come? ¿Dónde duerme? ¿Cuántas horas duerme? ¿Qué le gusta hacer?

Mi animal es un... Se llama... Tiene... años...

 **Hablar**

4 En grupos de cuatro, hablad sobre animales. El secretario toma nota, escribe las conclusiones y las lee al resto de la clase. Piensa en las siguientes preguntas.

¿Te gustan los animales? ¿Cuáles te gustan más, los salvajes o los domésticos? ¿Qué animales te dan miedo? ¿Tienes un animal en casa? ¿Cómo es? ¿Qué hace?

Reflexión y evaluación

 Gramática

1 Completa las siguientes frases con la forma correcta del verbo.

1. Yo (acostarse) _____ temprano.
2. ¿A qué hora (ducharse) _____ tú?
3. Alicia no (acostarse) _____ antes de las once.
4. Cuando nos levantamos (lavarse) _____ la cara.
5. Juan y Antonio siempre (ducharse) _____ con agua fría.
6. ¿En verano (vosotros/bañarse) _____ en la piscina?
7. Mi hermano (afeitarse) _____ por la mañana.

2 Construye frases según el modelo.

Elena se baña.
Yo me baño.

1. ¿Vosotros os ducháis por la mañana?
   ¿Tú _____?
2. Nosotros nos levantamos temprano.
   Alfonso _____.
3. Los domingos me quedo en casa.
   (Nosotros) _____.
4. Juan se afeita todos los días.
   Mis hermanos _____
   _____.
5. Yo me acuesto a las once de la noche.
   Vosotros _____.

3 Construye frases con las siguientes palabras.

Mi padre / volver / 8 de la tarde.
Mi padre vuelve a las 8 de la tarde.

1. Yo / ir / cine los domingos.
2. ¿A qué hora / salir (tú) / casa?
3. Mi compañero / llegar / instituto tarde.
4. ¿(Nosotros) jugar / tus hermanos?
5. Juan y Pedro / ir / casa de sus abuelos.
6. ¿A qué hora / volver (ustedes) / los domingos?

 Vocabulario

4 Continúa la serie de los meses del año.

Enero, febrero,...

5 Escribe el nombre de los siguientes animales.

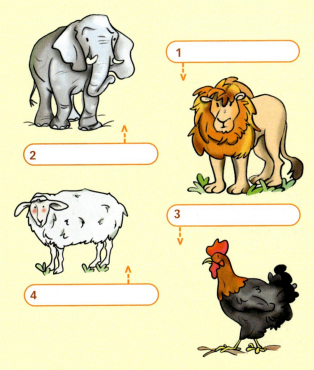

Comunicación

6 Ordena la conversación.

- ¿ / hora / a / levantas / qué / te / ?
- a / y / levanto / las / me / media / siete
- ¿ / sales / a / de / qué / casa / hora / ?
- las / cuarto / salgo / ocho / a / y

Autoevaluación

Mis resultados en esta unidad son:

Muy buenos
Buenos
No muy buenos

sesenta y cinco **65**

8 Descripciones

1 Escucha y repite. A continuación, relaciona las palabras con las partes del cuerpo. **67**

**cabeza   brazo   pecho   mano
estómago   dedos   pierna   pie
cuello   espalda**

¡RECUERDA!

	MASCULINO	FEMENINO
Singular	pelo negro	boca pequeña
Plural	ojos negros	orejas pequeñas

2 Coloca en el lugar correspondiente el nombre de las distintas partes de la cabeza que aparecen en el recuadro. Después, escucha y comprueba. **68**

oreja
ojo
cara
pelo
nariz
labios
dientes
muelas
boca

3 Lee la descripción y dibuja «El Monstruo» en tu cuaderno.

EL MONSTRUO DE LAS NIEVES

El Monstruo tiene una cabeza enorme con el pelo largo. Tiene dos orejas pequeñas, un ojo grande y rojo y dos narices. Su boca es grande y tiene tres dientes y cuatro muelas y unos labios verdes.
Tiene dos brazos largos con las manos muy pequeñas. Tiene tres piernas largas con sus tres pies. Cada pie tiene dos dedos.

→ El cuerpo humano → Práctica del surf

VOCABULARIO

Práctica del surf

4 Lee y escucha el siguiente texto. **69**

El mar Cantábrico, en el norte de España, es un lugar ideal para la práctica del *surf*, por la altura de sus olas y sus playas magníficas.
Los surfistas utilizan la energía de las olas para deslizarse sobre una tabla.
Las tablas de *surf* miden unos dos metros y pesan alrededor de tres kilos. El surfista lleva el pie atado a la tabla con una correa. Así, si se cae, no pierde la tabla.

5 ¿Verdadero o falso? (V/F)

1 El mar Cantábrico está en América. ☐
2 El norte de España tiene playas muy bonitas. ☐
3 El *surf* se practica en barco. ☐
4 El surfista lleva las manos atadas a la tabla. ☐

6 Mira a los surfistas. Observa sus descripciones y relaciónalas con cada uno de ellos.

a Tiene el pelo corto y rubio. Sus gafas de sol son amarillas. ☐
b Tiene el pelo largo y castaño y el bañador verde. ☐
c Tiene una tabla muy larga y una nariz grande. ☐
d Tiene el pelo negro y no lleva gafas de sol. ☐
e Tiene el pelo rubio y largo y sus gafas de sol son negras. ☐
f Tiene una tabla muy pequeña y sus orejas son muy grandes. ☐

sesenta y siete **67**

8
→ Verbo *doler* → Verbos *doler* y *gustar* → Muy / mucho/a/os/as

Verbo *doler*

(a mí)	me	
(a ti)	te	
(a él / ella / Vd.)	le	**duele** la cabeza
(a nosotros/as)	nos	**duelen** los pies
(a vosotros/as)	os	
(a ellos / ellas / Vds.)	les	

Verbos *doler* y *gustar*

Observa el uso de los verbos *doler* y *gustar*.

— **Me gusta** mucho la leche.
— ¿**Te gustan** los pasteles?
— A Pablo **le duelen** las piernas.
— Ya no **me duele** la mano.

1 ¿Qué les duele? Haz frases como en el ejemplo.

1 Juan / la cabeza
A Juan le duele la cabeza.

2 Completa con el pronombre correspondiente.

Pedro, ¿*te* gusta mi ordenador?

1 A mí no ___ gusta la lechuga.
2 A Juan ___ duele la cabeza.
3 Chicos, ¿___ gustan las patatas fritas?
4 A nosotros no ___ gusta la televisión.
5 A los niños ___ duelen las muelas.

3 Rellena los huecos con la forma correcta del verbo correspondiente y el pronombre adecuado.

1 A mí (gustar) _____ bastante el fútbol.
2 ¿A ti no (doler) _____ un poco la cabeza?
3 ¿A ustedes (gustar) _____ la comida española?
4 Por la noche, a mí (doler) _____ los pies.
5 A Ana (gustar) _____ los animales.

2 Elena / la espalda

4 Mónica / la rodilla

4 Pilar / el brazo

5 Paco / las muelas

→ Abreviaturas de los diccionarios

GRAMÁTICA

4 Transforma las frases, siguiendo el ejemplo.

> A mí me gustan los pasteles.
> —Andrés / queso
> *A Andrés le gusta el queso.*

1. A las cajeras les duele la espalda.
   —futbolistas / piernas
2. ¿Te gusta el compañero nuevo?
   —vosotros / los profesores
3. A nosotros nos gustan bastante los cómics.
   —mis padres / el periódico
4. ¿A ti te duele el estómago?
   —María y Javier / las muelas
5. Este juego me gusta bastante.
   —libros / vosotros

➤ Muy / mucho/a/os/as

Muy + adjetivo:
   Tiene el pelo **muy largo**.
   Vive en una casa **muy antigua**.

Muy + adverbio:
   Llego a casa **muy tarde**.
   Mi padre se levanta **muy pronto**.

Mucho/a/os/as + nombre:
   Roberto no tiene **mucho dinero**.
   Los niños beben **mucha leche**.
   Tengo **muchos amigos**.
   En mi clase no hay **muchas chicas**.

Verbo + **mucho**:
   Veo **mucho** la televisión.
   Me duele **mucho** la cabeza.

5 Completa las frases con *muy / mucho/a/os/as.*

1. Me gusta _____ la fruta.
2. Este ejercicio me parece ____ difícil.
3. Mi gato bebe _____ leche.
4. El abuelo es ____ mayor.
5. Su moto gasta _____ gasolina.
6. A _____ niños les gusta el fútbol.
7. Siempre llegáis ____ tarde.
8. Hay _____ sillas rotas.
9. ¿Te cansas _____ cuando corres?

6 Rellena los huecos del siguiente texto con *muy / mucho/a/os/as.*

En la costa este española hay [1] _____ playas. En verano, [2] _____ gente se baña en ellas. Sus aguas son [3] _____ cálidas y limpias. Durante el día, hace [4] _____ calor. Por la noche corre una brisa [5] _____ agradable y [6] _____ familias salen de paseo.

💡 PARA APRENDER

Abreviaturas de los diccionarios

7 Observa cómo aparecen las palabras en el diccionario. ¿Sabes qué significan las abreviaturas? Escribe la palabra completa.

adj. _____
pron. _____
s. m. _____
s. f. _____
v. _____
adv. _____
prep. _____

8 Completa estas definiciones del diccionario con la abreviatura adecuada.

en	____	Indica el lugar...
cerca	____	A poca distancia...
libro	____	Conjunto de hojas impresas.
mesa	____	Mueble que...
largo, ga	____	Que tiene mucha longitud.
ellas	____	Designa a las personas de las que se habla.
tener	____	Poseer.

sesenta y nueve **69**

8 → Descripción de personajes: ¿Cómo es...? → La /k/

1 Lee y escucha. 70

¿Cómo es...?

JULIA: Estamos en el polideportivo. Vamos a entrevistar a Pedro, que va a su clase de natación. Pedro, ¿cómo es tu profesor?

PEDRO: Mi profesor es joven, fuerte y alto. Tiene el pelo rubio y los ojos oscuros. Es muy simpático y hace la clase muy divertida.

GRACIELA: Yo estoy con Ana en su clase de kárate. Ana, contanos de tu profesora.

ANA: Mi profesora es baja y delgada, pero es muy fuerte. Es una persona un poco seria y sus clases son bastante duras.

JULIA: Ya tenemos la entrevista con los alumnos del polideportivo. ¿Y vosotros?

JORGE: Nosotros nos vamos al médico.

GRACIELA: ¿Van a hacer un reportaje en el hospital?

PABLO: No, vamos a la consulta del médico, porque creo que tengo la gripe.

GRACIELA: ¿Qué te duele?

PABLO: Me duele la cabeza y tengo fiebre. También me duelen las piernas.

JULIA: ¿Quieres una aspirina?

PABLO: No, gracias. Mejor voy al médico.

2 Contesta las siguientes preguntas.
1. ¿Dónde están Julia y Graciela?
2. ¿Qué clase es muy divertida?
3. ¿Qué deporte practica Ana?
4. ¿A dónde van Pablo y Jorge?
5. ¿Qué le pasa a Pablo?

3 ¿Verdadero o falso? (V/F)
1. Pedro va a clase de kárate. ☐
2. El profesor de natación es alto y fuerte. ☐
3. La profesora de Ana es alta y delgada. ☐
4. A Pablo le duele la cabeza. ☐
5. A Pablo le gustan las aspirinas. ☐

Comunicación

4 Mira a los personajes de los dibujos. ¿Cómo son? Relaciona cada personaje con su descripción.

   a Es morena y tiene los ojos marrones.
   b Es alto y moreno. Tiene los ojos negros.
   c Es baja y tiene el pelo negro.
   d Es joven y no es alto. Tiene el pelo castaño.
   e Es alta y rubia.
   f Es mayor y no tiene pelo.

❶ ❷ ❸ ❹ ❺ ❻

5 Relaciona las siguientes palabras con su contrario.

1 alto	a gordo
2 guapo	b bajo
3 delgado	c mayor
4 joven	d feo
5 simpático	e antipático

MUY / BASTANTE / UN POCO

Muy ★★★★★   Bastante ★★★   Un poco ★

Tiene una nariz…
… muy grande   … bastante grande   … un poco grande

6 Escribe la descripción de un chico y de una chica de tu clase.
Léeselas a tu compañero para que adivine quiénes son.

7 Escucha a David hablando de sí mismo y de su familia. Completa el cuadro con los datos de la descripción.

	Edad	Pelo	Ojos
David			
Madre			
Padre			
Sergio			

8 Pregunta a tu compañero por los miembros de su familia. Copia sus respuestas y escribe una pequeña descripción sobre uno de ellos.

   1 ¿Cómo se llama tu…?
   2 ¿Cuántos años tiene?
   3 ¿Cómo tiene el pelo?
   4 ¿Cómo tiene los ojos?
   5 ¿Es alto o bajo, delgado o fuerte…?

 Pronunciación y ortografía

9 Escucha y repite. **72**

   cuatro   casa   comer   queso   quiero

10 ¿Qué sonido se repite en todas las palabras?

El sonido /k/ se escribe *qu* delante de *e, i* y se escribe *c* delante de *a, o, u*.

11 Completa con *qu/c*.

   1 ___uando
   2 pe___eño
   3 po___o
   4 ___ímica
   5 ___inientos
   6 simpáti___a
   7 E___uador
   8 ___alle

12 Escucha y repite. **73**

8 → La pandilla de Marta

Leer

1 Marta escribe a Pierre, su amigo francés. Lee el correo y escribe el nombre de los amigos de Marta en la foto.

2 Escucha a Marta describiendo a su nueva profesora de gimnasia. Completa la tabla. 🎧 **74**

Nombre:
Edad:
Estatura:
Pelo:
Nariz:
¿Le gusta a Marta?
¿Le gusta a Juan?

Hola, Pierre:

Hoy te voy a presentar a los amigos de mi pandilla y por eso te mando esta foto. Juanma es rubio y un poco gordito. Tiene el pelo muy corto. Es muy cariñoso, pero a veces tiene problemas con los profesores. Celia es la chica con el pelo más largo y liso. Yo soy morena, tengo el pelo negro y los ojos marrones. Ángela es la más alta. Es muy inteligente y simpática y tiene el pelo rizado. Por último, Luis es rubio y con los ojos azules. Tiene el pelo más largo que Juanma. Es muy hablador... Bueno, estos son mis mejores amigos. Salimos juntos todos los fines de semana. A todos nos gusta ir al cine, hacer deporte y la música moderna.

¿Por qué no me cuentas cómo son tus amigos? Escríbeme pronto.

Un saludo,
Marta

Hablar

3 En parejas. **A** describe a una de estas personas y **B** dice quién es.

Escribir

4 Escribe un correo electrónico explicando cómo son tus mejores amigos.

Reflexión y evaluación

Gramática

1 Completa las frases con la forma correcta del verbo.

1 A mí no (gustar) _____ los juegos de cartas.
2 ¿(gustar) _____ a vosotros el nuevo profesor?
3 A mis abuelos (doler) _____ la espalda.
4 ¿A ti (gustar) _____ la comida china?
5 Estas fiestas (a nosotros, gustar) _____ bastante.
6 Con el sol, (a mí, doler) _____ un poco los ojos.

2 Construye frases correctas, según el modelo.

A Pedro / no gustar / el baloncesto.
A Pedro no le gusta el baloncesto.

1 A mí / gustar / los chicos simpáticos.
2 ¿A ustedes / gustar / la paella?
3 A Ana / doler / un poco el estómago.
4 A ellos / no gustar / el alcohol.
5 Este juego / (a nosotros) gustar / bastante.
6 Hoy / (a mí) no doler / las muelas.

3 Completa las frases con *muy / mucho/a/os/as*.

1 Tiene el pelo ____ largo.
2 Mis hermanos ven _____ la televisión.
3 Llego al colegio ____ temprano.
4 ¿Vais _____ al cine?
5 Hay _____ gente en esta playa.
6 Los niños tienen _____ juguetes.

Vocabulario

4 Nombra las siguientes partes del cuerpo.

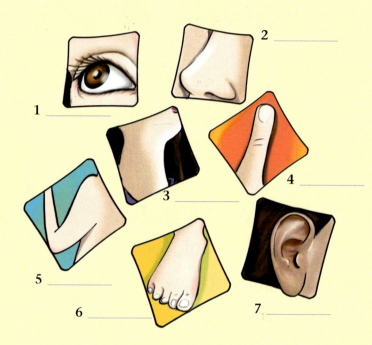

1 _____
2 _____
3 _____
4 _____
5 _____
6 _____
7 _____

5 Dibuja un personaje imaginario y descríbelo.

Comunicación

6 Ordena la conversación.

- ¿ / llama / cómo / tu / se / hermano / ?
- se / Alejandro / llama
- ¿ / los / tiene / cómo / ojos / ?
- ojos / los / verdes / tiene
- ¿ / su / color / es / qué / pelo / de / ?
- es / su / negro / pelo

Autoevaluación

Mis resultados en esta unidad son:

Muy buenos ☐
Buenos ☐
No muy buenos ☐

9

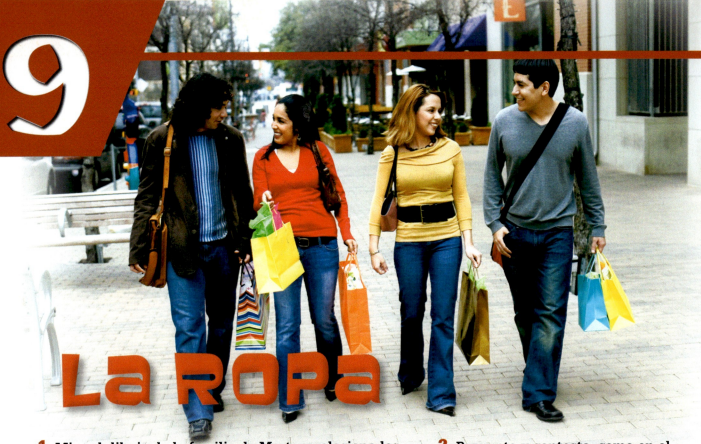

La ropa

1 Mira el dibujo de la familia de Marta y relaciona los números con el vocabulario del recuadro. Después escucha y comprueba. 🎧 **75**

> abrigo • zapatillas de deporte • jersey • gorra • corbata
> zapatos • bufanda • vaqueros • chándal • camisa
> pantalones • sudadera • guantes • chaqueta • falda • cazadora

2 Pregunta y contesta, como en el ejemplo, sobre el color de la ropa de los personajes del dibujo.

- ¿De qué color es la camisa de la madre de Marta?
- Es blanca.
- ¿De qué color son los vaqueros del hermano de Marta?
- Son azules.

3 Describe la ropa que lleva puesta algún chico de la clase. ¿Puede tu compañero adivinar de quién se trata?

> *Lleva vaqueros azules, una sudadera verde, zapatillas deportivas blancas...*

74 setenta y cuatro

→ Ropa

VOCABULARIO

4 Escucha y completa la siguiente conversación en una tienda de ropa. **76**

> **Dependiente:** ¡Buenos días! ¿Qué desea?
> **Cliente:** ¡Buenos días! Quiero [1] _____.
> **Dependiente:** ¿De qué talla?
> **Cliente:** Pues, no sé…, de la [2] ___ o ___.
> **Dependiente:** ¿De qué color los quiere?
> **Cliente:** ¿Puedo probarme los [3] _____ y los [4] _____?
> **Dependiente:** Sí, claro; allí están los probadores.
> **Dependiente:** ¿Qué tal?
> **Cliente:** Muy bien, me llevo los [5] _____.
> **Dependiente:** ¿Desea algo más?
> **Cliente:** Sí, quiero [6] _____ como la del escaparate. ¿Qué precio tiene?
> **Dependiente:** Esa vale [7] _____ euros.
> **Cliente:** Muy bien, me llevo las dos cosas.

5 Prepara con tu compañero una conversación como la del ejercicio anterior.

6 Lee lo que piensan Carlos y Laura sobre la ropa. Completa con las palabras del recuadro.

CARLOS

vestidos • abrigo • vaqueros • altas • baloncesto • deportiva

LAURA

A mí me gusta la ropa moderna, especialmente los [1] _____ y las camisetas muy grandes. No me gustan nada las camisas ni los zapatos, siempre llevo zapatillas deportivas negras. También me gustan mucho las gorras de equipos de [2] _____ y las gafas de sol. Si tengo frío, llevo una sudadera. Nunca llevo [3] _____.

A mí me gustan los colores oscuros, siempre llevo ropa negra o gris. Me gustan los vaqueros negros y las camisetas cortas y estrechas. No me gustan nada los [4] _____, pero tengo una falda corta y negra. Normalmente llevo zapatillas blancas, pero para salir llevo unas botas [5] _____ negras.
También me gusta la ropa [6] _____. En cambio, no me gustan nada los colores como el rojo, verde, rosa, amarillo.

7 Escucha y escribe el nombre correspondiente. **77**

8 En parejas, pregunta a tu compañero sobre ropas y colores.

1 ¿Te gustan las faldas, vaqueros, camisetas…?
2 ¿Qué ropa te gusta más?
3 ¿Qué ropa no te gusta nada?
4 ¿Cuáles son tus colores favoritos?

9 Escribe un párrafo sobre la ropa y los gustos de tu compañero.

A mi compañero le gusta mucho… No le gusta nada…
Les gustan los colores… Hoy lleva…

setenta y cinco **75**

9
→ Pretérito indefinido de *ir y estar* → Marcadores temporales del pasado

Pretérito indefinido de los verbos *ir* y *estar*

	Ir	Estar
yo	fui	estuve
tú	fuiste	estuviste
él / ella / Vd.	fue	estuvo
nosotros/as	fuimos	estuvimos
vosotros/as	fuisteis	estuvisteis
ellos / ellas / Vds.	fueron	estuvieron

¡OBSERVA!

El pretérito indefinido o pretérito perfecto simple de los verbos suele ir acompañado de expresiones de tiempo. Las más habituales son: *ayer por la mañana/tarde/noche; la semana pasada, el año pasado; hace una semana/un mes/un año...*

1 Completa las siguientes frases sobre Carolina, Daniel, Javier y María, fijándote en el cuadro.

	Viernes	Sábado	Domingo
Carolina	En casa	Discoteca	Cine
Daniel	Instituto	Partido de fútbol	En casa
Javier	Instituto	Partido de fútbol	Pizzería
María	Instituto	Partido de tenis	Cine

El viernes, Carolina (estar) *estuvo en casa.*
1 El sábado, Javier y Daniel (ir) _____.
2 El sábado, Carolina (ir) _____.
3 El domingo, Daniel (estar) _____.
4 El domingo, María y Carolina (estar) _____.
5 El viernes, Daniel, Javier y María (ir) _____.

2 Rellena los huecos con la forma correcta del verbo.

1 Ayer, yo (estar) _____ en el Instituto.
2 El domingo, Rosi y tú (estar) _____ en casa.
3 Mis amigos y yo (ir) _____ al partido de fútbol.
4 ¿Dónde (estar, tú) _____ el domingo por la mañana?
5 El viernes, Carolina no (ir) _____ al Instituto.
6 El sábado, Juan y Antonio (estar) _____ en la piscina.
7 Ayer, mis padres (ir) _____ al restaurante.

3 ¿Dónde fueron los hermanos García de vacaciones?

	PEDRO	ANA
El año pasado	Barcelona	Sevilla
El verano pasado	Madrid	Madrid
Hace dos meses	Zaragoza	Zaragoza
El fin de semana pasado	Alicante	Mallorca
Hace quince días	Bilbao	Granada

● ¿Dónde fueron el año pasado?
■ *El año pasado Pedro fue a Barcelona y Ana a Sevilla.*

1 ¿Dónde estuvo Pedro el fin de semana pasado?
2 ¿Dónde estuvieron el verano pasado?
3 ¿Dónde fue Ana el fin de semana pasado?
4 ¿Dónde fueron hace quince días?

→ Interrogativos → Análisis de errores

4 Andrés es un hombre de negocios. Vive en Madrid, pero viaja mucho durante la semana. Mira su agenda de la semana pasada y contesta las preguntas siguientes.

1 ¿Dónde estuvo Andrés el lunes por la tarde?
2 ¿Qué día fue a Granada?
3 ¿Quién estuvo con él en el teatro?
4 ¿Cuándo fue a París?
5 ¿Con quién estuvo Andrés el miércoles?
6 ¿Dónde estuvo el domingo por la mañana?
7 ¿Con quién comió el jueves?

JUNIO

Lunes 4
Reunión en Barcelona a las 15:30 h.

Martes 5
Vuelo a París

Miércoles 6
Visita a mi tía en el hospital

Jueves 7
Comida con Pedro y Alberto

Viernes 8
Viaje a Granada

Sábado 9
Teatro con Juan

Domingo 10
Exposición de Picasso a las 11 h.

Lunes 11

5 Completa con el pronombre interrogativo que corresponda: *qué, quién, dónde, cuándo*.

1 ¿_____ estuviste ayer?
2 ¿_____ tiene mi bolígrafo?
3 ¿_____ vienes a mi casa?
4 ¿_____ deporte te gusta más?
5 ¿_____ estuvo Pedro el sábado?
6 ¿_____ viven tus amigos?
7 ¿_____ fue contigo al cine?
8 ¿A _____ hora te levantas?

6 Elabora las preguntas, utilizando el pronombre interrogativo, como en el ejemplo.

Rosa pinta cuadros: (Quién)
¿Quién pinta cuadros?

1 Alberto vive en Madrid. (Dónde)
2 Mi hermano estuvo ayer en casa. (Cuándo)
3 Raquel está en el cine. (Quién)
4 Juan come hamburguesas. (Qué)
5 Roberto trabaja los fines de semana. (Cuándo)
6 Laura estudia en mi instituto. (Dónde)

PARA APRENDER

7 En todas las frases siguientes hay un error. ¿Cuál es? Corrígelo.

Ayer yo ~~fue~~ al cine.
fui

1 El sábado Ana no estuve en clase. _____
2 Año pasado Pedro fue a Barcelona. _____
3 El año pasado Ana y Pedro fue a Barcelona de vacaciones. _____
4 Ayer yo fui en el Instituto. _____
5 Ayer yo no estuvo en casa. _____
6 Domingo mi amigo estuvo en casa. _____
7 Mis padres ayer no están en casa. _____
8 Sábado pasado yo estuve en la piscina. _____
9 María y yo vamos ayer al fútbol. _____
10 ¿Donde estuve tú ayer? _____

9

→ ¿A qué hora quedamos? → ¿Te gusta mi falda? → ¿Dónde estuviste?

1 Lee y escucha. **78**

Las fiestas del pueblo

JULIA: Bueno, chicos, ¡esta tarde es el gran día! Empiezan las fiestas del pueblo.
JORGE: ¿Y dónde quedamos nosotros?
JULIA: En la Plaza del Ayuntamiento. Allí van a repartir la revista.
PABLO: ¿A qué hora quedamos?
JULIA: A las ocho, ¿no?
GRACIELA: Bueno, nos vemos allá.

GRACIELA: ¡Qué linda pollera!
JULIA: ¿Te gusta?
GRACIELA: Es bárbara. Mirá mis pantalones. ¿Te gustan?
JULIA: Son preciosos. ¿Dónde están Jorge y Pablo? Vamos a buscarlos.

LA MADRE DE JORGE Y PABLO: ¿Con quién fuisteis ayer al baile?
PABLO: Fuimos con los compañeros de clase.
LA MADRE DE JORGE Y PABLO: Y después, ¿dónde estuvisteis?
JORGE: Estuvimos en la feria y después fuimos a tomar chocolate con churros.
PABLO: ¡Mira, mamá! Esta es la revista.
LA MADRE DE JORGE Y PABLO: ¡Ah, gracias! ¡Qué bonita!
JORGE: Es muy interesante. Trae un montón de noticias sobre la gente del pueblo.
LA MADRE DE JORGE Y PABLO: ¡Estupendo! Voy a leerla. Y, ¿cuándo sale el próximo número?
PABLO Y JORGE: ¡Mamá…!

2 Contesta las siguientes preguntas.
1 ¿Cuándo se reparte la revista?
2 ¿A qué hora quedan?
3 ¿Para qué se ponen guapos?
4 ¿Dónde fueron después del baile?
5 ¿Qué estuvieron comiendo después?

3 ¿Verdadero o falso? (V/F)
1 Es la fiesta de fin de curso. ☐
2 En la Plaza del Ayuntamiento van a repartir bocadillos. ☐
3 Graciela tiene una falda nueva. ☐
4 Muchos alumnos del instituto estuvieron en el baile. ☐
5 Después fueron a tomar un café con leche. ☐

→ ¿Con quién fuiste?   → Acentuación

COMUNICACIÓN

4 Copia y completa la agenda. Luego pregunta y responde, como en el ejemplo.

• ¿Dónde estuviste el viernes por la tarde?
■ Estuve en el cine.

VIERNES 11

Mañana   Instituto
Tarde   Cine

SÁBADO 12

Mañana
Tarde

DOMINGO 13

Mañana
Tarde

¡OBSERVA!

• Estar en...
Estuve en clase.
Estuviste en la discoteca.

• Ir a...
Fui a clase.
Fuiste a la discoteca.

5 ¿Quién fue contigo a los lugares del ejercicio 4? Pregunta y contesta, como en el ejemplo.

mi compañera Ana
• ¿Con quién fuiste a la clase de español?
■ Fui con mi compañera Ana.

1 mis amigos
2 mi abuelo
3 Antonio y Rafa
4 mi novio/a
5 mis padres

Pronunciación y ortografía

6 Escucha y coloca cada palabra en la columna correspondiente, según la sílaba tónica. **79**

horrible, sábado, música, lección, catedral, examen, avión, comer, café, estás, ventana, libro, película, periódico, lápiz

Esdrújulas	Llanas	Agudas
sábado	horrible	lección

7 ¿Por qué algunas palabras llevan tilde y otras no? Completa las reglas.

1 Las palabras agudas llevan tilde si terminan en vocal, ___, ___.

2 Las palabras llanas no llevan tilde si terminan en _____, n, s.

3 Las palabras esdrújulas llevan tilde _____.

setenta y nueve **79**

→ Segovia: Patrimonio de la Humanidad

 Leer

1 Lee la información contenida en el folleto turístico de la ciudad de Segovia.

SEGOVIA [Patrimonio de la Humanidad]

Cosas que hacer y ver en la ciudad histórica

a -->> Vea el **Acueducto** construido por los romanos en el s. I d.C. Tiene una longitud total de 15 km.

b -->> Visite la **Catedral**, de estilo gótico con rasgos renacentistas, construida durante los siglos XVI, XVII y XVIII.
Horario de visitas: de 9 a 20 h.

c -->> Visite el **Alcázar**, fortaleza construida en el s. XII, restaurada y habitada por el rey Felipe II en el s. XVI.
Horario de visitas: de 10 a 17 h.

d -->> Realice un agradable paseo por la ribera del **río Eresma** y contemple las magníficas vistas de la ciudad.

e -->> Disfrute de las soleadas terrazas de la **Plaza Mayor** y pruebe sus deliciosos aperitivos junto a la Catedral.

f -->> Haga sus **compras** en la histórica calle de Juan Bravo, que va desde la Plaza Mayor al Acueducto.

2 ¿Son estas frases correctas? Corrige los errores.

1 El río Ebro pasa por Segovia.
2 El Acueducto es un edificio árabe.
3 La Catedral se puede visitar a las 9 de la noche.
4 El Alcázar fue construido el siglo pasado.

 **Escuchar**

3 Primero escucha a María hablando sobre su visita a Segovia. Después, escribe en el orden correcto los lugares en los que estuvo. **80**

1 Primero…
2 Después…
3 Luego…
4 Por último…

 **Hablar**

4 Pregunta a tu compañero sobre algún viaje reciente.

1 ¿Dónde fuiste?
2 ¿Cómo viajaste?
3 ¿Qué visitaste?
4 ¿Con quién fuiste?
5 ¿Qué comiste?

 **Escribir**

5 Escribe un pequeño texto contando una excursión que hayas hecho recientemente con tu familia o amigos. Sigue los pasos del ejercicio 3.

Reflexión y evaluación

Gramática

1 Completa las frases con el pretérito indefinido de los verbos.

1 María (estar) _____ aquí ayer.
2 Daniel y Susana (ir) _____ a Lima el verano pasado.
3 Mis padres (estar) _____ en casa el domingo por la tarde.
4 El sábado por la noche, Nacho (ir) _____ a la discoteca.
5 Yo (estar) _____ en Cuba en agosto.
6 ¿(ir / tú) _____ al museo el domingo pasado?

2 Construye las frases correctas con el pretérito indefinido, según el modelo.

Gabriel / ir / Barcelona.
Gabriel fue a Barcelona.

1 Carlos / estar / Perú.
2 Yo / no ir / teatro.
3 Miguel y Juan / estar / biblioteca.
4 Francisco / ir / Madrid en 1999.
5 ¿Tú / estar / circo?
6 Mi hermano y yo / no estar / concierto.

3 Completa las frases con uno de los pronombres interrogativos: *qué, quién, cuándo, dónde.*

1 ¿_____ fue al museo?
2 ¿_____ quieres de postre?
3 ¿_____ fueron a la piscina tus amigas?
4 ¿_____ fue a la fiesta de disfraces?
5 ¿_____ estuvieron Juan y Gema el domingo pasado?

Vocabulario

4 Nombra las siguientes prendas de ropa.

5 Describe cómo vas vestido y dibújate.

Comunicación

6 Ordena la conversación.

● ¿ / en / María / fiesta / estuviste / la / de / ?
■ su / sí / casa / en / estuve
● ¿ / fuiste / quién / con / ?
■ los / clase / fui / compañeros / con / de

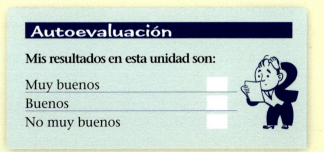

Autoevaluación

Mis resultados en esta unidad son:

Muy buenos ☐
Buenos ☐
No muy buenos ☐

Proyecto 3

¿Cómo vamos vestidos?

1 Lee los siguientes textos y corrige los errores del 1 al 5.

Tengo el armario lleno de ropa y al final siempre me pongo **(1) un** vaqueros y una camiseta. Pero en algunas ocasiones nos vemos obligados a cambiar de modelo.

Los domingos por la mañana voy con mi amiga Sara a jugar al tenis. Yo soy muy friolero y siempre llevo un chándal con una camiseta debajo y, por supuesto, mi raqueta de tenis. Sara va con pantalones **(2) corto** y sudadera. Los dos llevamos zapatillas de deporte.

Durante el curso mi hermana y yo **(3) voy** al colegio con uniforme. Es lo que menos me gusta del colegio. Tengo que llevar unos pantalones **(4) gris**, un jersey verde y un polo blanco debajo. Mi hermana va vestida igual, pero con falda. Los dos llevamos zapatos negros.

2 Corrige las frases.

1 Cuando hace frío me pongo mis guantes marrón.
2 Mi hermana y yo llevamos ropa muy diferentes.
3 Mi madre no lleva un zapatos de tacón.
4 Me compré la chándal en la tienda de deportes.
5 Me gustan las calcetines rojas.

3 Diseña tu propio póster. No te olvides de incluir la siguiente información:

1 ¿Cómo te vistes normalmente? ¿Qué ropa es la que menos te gusta ponerte?
2 ¿En qué ocasiones tú y tus amigos os vestís de forma diferente? ¿Qué lleváis?
3 ¿Cuándo te tuviste que vestir especialmente elegante? ¿Qué te pusiste?

4 Presenta tu póster ante la clase y diles a tus compañeros cuál es tu ropa favorita.

Cuando fuimos a la boda de mi primo todos estábamos muy elegantes. Yo llevaba un traje **(5) negra**, una camisa blanca ¡y hasta me puse corbata! Mi madre y mi hermana llevaban vestidos largos y zapatos de tacón.

PORTFOLIO (unidades 7, 8 y 9)

Completa tu autoevaluación marcando en los recuadros tu nivel de adquisición en las distintas habilidades.

Muy bien = 1	Regular = 3
Bien = 2	Tengo que mejorar = 4

Escuchar
- Puedo entender información sencilla sobre animales. ☐
- Soy capaz de entender descripciones físicas de otras personas. ☐
- Puedo entender y ordenar información sobre un viaje. ☐

Leer
- Soy capaz de comprender textos sencillos con información sobre la vida de los animales. ☐
- Puedo entender información escrita sobre descripciones y gustos de otras personas. ☐
- Soy capaz de leer y entender pequeños textos con información sobre ropa y moda. ☐

Comunicación
- Sé explicar y preguntar sobre los hábitos diarios. ☐
- Soy capaz de preguntar y contestar a mis compañeros sobre el aspecto físico de otras personas. ☐
- Sé preguntar y contestar a mis compañeros sobre dónde estuvimos el fin de semana. ☐

Hablar
- Puedo hablar sobre mis sentimientos acerca de los animales. ☐
- Sé decir las características físicas de una persona. ☐
- Soy capaz de describir un viaje con frases sencillas. ☐

Escribir
- Soy capaz de escribir pequeños textos sobre animales domésticos. ☐
- Puedo escribir una carta o un e-mail describiéndome a mí y a mis compañeros. ☐
- Puedo contar por escrito una excursión con mi familia o amigos. ☐

RESUMEN GRAMATICAL

VERBOS

	SER		ESTAR	
	Presente	**Pretérito indefinido**	**Presente**	**Pretérito indefinido**
yo	soy	fui	estoy	estuve
tú	eres	fuiste	estás	estuviste
él / ella / Vd.	es	fue	está	estuvo
nosotros/as	somos	fuimos	estamos	estuvimos
vosotros/as	sois	fuisteis	estáis	estuvisteis
ellos / ellas / Vds.	son	fueron	están	estuvieron

REGULARES

Presente

HABLAR	COMER	VIVIR
hablo	como	vivo
hablas	comes	vives
habla	come	vive
hablamos	comemos	vivimos
habláis	coméis	vivís
hablan	comen	viven

IRREGULARES

Presente

CONOCER	DAR	DECIR	DORMIR	EMPEZAR	HACER
conozco	doy	digo	duermo	empiezo	hago
conoces	das	dices	duermes	empiezas	haces
conoce	da	dice	duerme	empieza	hace
conocemos	damos	decimos	dormimos	empezamos	hacemos
conocéis	dais	decís	dormís	empezáis	hacéis
conocen	dan	dicen	duermen	empiezan	hacen

JUGAR	PODER	PONER	QUERER	SABER	SALIR
juego	puedo	pongo	quiero	sé	salgo
juegas	puedes	pones	quieres	sabes	sales
juega	puede	pone	quiere	sabe	sale
jugamos	podemos	ponemos	queremos	sabemos	salimos
jugáis	podéis	ponéis	queréis	sabéis	salís
juegan	pueden	ponen	quieren	saben	salen

1 ALFABETO

Vocales

a e i o u

Consonantes

	Nombre	Sonido	Ejemplos
b	be	/b/	*b*anco, a*b*uelo, *b*eber
c	ce	c + a, o, u = /k/ c + i, e = /θ/	*c*asa, *C*uba, *c*uatro *C*ecilia, *c*ine, *c*errado
ch	che	/tʃ/	*ch*ocolate, *Ch*ile
d	de	/d/	*d*ientes, caza*d*ora
f	efe	/f/	*f*ebrero, bu*f*anda
g	ge	g + a, o, u = /g/ gu + e, i = /g/ g + e, i = /x/	a*g*ua, *g*ambas, *g*ota *gu*erra, *gu*itarra *G*ibraltar, *g*enio
h	hache	-	*h*otel, *h*elado, *h*ospital
j	jota	/x/	*j*irafa, *j*efe, *J*uan
k	ca	/k/	*k*ilómetro
l	ele	/l/	*l*una, *l*imón
ll	elle	/ʎ/	came*ll*o, Ma*ll*orca
m	eme	/m/	*m*ira, *M*adrid
n	ene	/n/	*n*unca, *n*ada, *n*o
ñ	eñe	/ɲ/	a*ñ*o, ni*ñ*a
p	pe	/p/	*p*an, *P*epe
qu	cu	qu + e, i = /k/	*qu*iero, *qu*eso, *qu*ímica
r	ere, erre	/r/ entre vocales /r̄/ al principio de palabra y detrás de *n* y *l*	ópe*r*a, pe*r*o, o*r*o *R*osa, *R*oma, En*r*ique
rr	erre	/r̄/ entre vocales	pe*rr*o, a*rr*oz, ho*rr*ible
s	ese	/s/	ca*s*a, *s*ol, *s*iete
t	t	/t/	*t*ío, *t*ú, *t*omate
v	uve	/b/	*v*ino, *V*alencia, a*v*ión
w	uve doble	/u/ /b/	*w*aterpolo *W*agner
x	equis	/ks/	ta*x*i, e*x*amen
y	i griega	/i/ vocal /ǰ/ consonante	Ana *y* Julia *y*ogur, le*y*es
z	ceta	/θ/	*Z*aragoza, *z*apatos

2 ACENTOS

AGUDAS, LLANAS, ESDRÚJULAS

En español casi todas las palabras tienen una sílaba más fuerte que las otras. Puede ser la última, la penúltima o la antepenúltima.

- Cuando la sílaba tónica es la última, se llaman palabras **agudas**:

  ba**lón**, Pa**rís**, traba**jar**, lec**ción**, uni**dad**, can**tó**, Ma**drid**, orangu**tán**.

- Cuando la sílaba tónica es la penúltima, se llaman palabras **llanas**:

  ven**ta**na, **li**bro, **me**sa, za**pa**to, pe**lo**ta, **fút**bol, **lá**piz, pro**gra**ma, **mó**vil.

- Cuando la sílaba tónica es la antepenúltima se llaman **esdrújulas**:

  ácido, **mú**sica, **mé**dico, te**lé**fono, e**léc**trico, eco**ló**gico.

3 LOS NOMBRES: masculino o femenino

- En español, los nombres de las cosas tienen género masculino o femenino.

  el libro, el bolígrafo, el hotel, la casa, la ventana, la ciudad, la noche.

- Muchos nombres de personas y animales tienen género masculino y femenino.

  el gato – la gata   el profesor – la profesora

- Algunos nombres de animales tienen sólo un género.

  la hormiga, el delfín

4 LOS NOMBRES: singular o plural

- Los nombres tienen número gramatical (singular y plural):

  el hotel – los hoteles   la ventana – las ventanas
  el profesor – los profesores

5 ADJETIVOS

- Los adjetivos tienen el mismo género y número que el nombre al que acompañan:

  hotel caro
  hoteles caros
  gato blanco
  gatos blancos
  gata blanca
  gatas blancas

6 DEMOSTRATIVOS

	masculino	femenino
singular	este ese aquel	esta esa aquella
plural	estos esos aquellos	estas esas aquellas

Este coche me gusta más que **aquel**.

neutro	esto eso aquello

Esto no tiene solución

- Se utilizan los demostrativos neutros cuando no conocemos el género del objeto al que nos referimos.

¿Qué es **aquello**?
Toma, **esto** es para ti.

7 POSESIVOS

	singular	plural
(yo)	mi	mis
(tú)	tu	tus
(él / ella / Vd.)	su	sus
(nosotros/as)	nuestro/a	nuestros/as
(vosotros/as)	vuestro/a	vuestros/as
(ellos / ellas / Vds.)	su	sus

Mi tío es director de cine.
¿Cómo están **tus** abuelos, Carlos?
Nuestra hija mayor está estudiando Periodismo.

8 PRONOMBRES PERSONALES

Sujeto	Objeto Directo	Reflexivo
yo	me	me
tú	te	te
él / ella / Vd.	lo, la, le	se
nosotros/as	nos	nos
vosotros/as	os	os
ellos / ellas / Vds.	los, las, les	se

- ¿Conoces a Pedro, mi novio?
- No, no **lo** conozco.

Clara **se** levanta todos los días a las siete.

9 VERBO *GUSTAR*

(a mí)	me	
(a ti)	te	
(a él / ella / Vd.)	le	
(a nosotros/as)	nos	gusta/n
(a vosotros/as)	os	
(a ellos / ellas / Vds.)	les	

¿Te **gusta** el chocolate?
A Luis y Juanjo no les **gusta** el fútbol.
A mí me **gustan** mucho las piruletas.

10 VERBOS REFLEXIVOS

yo	me levanto
tú	te levantas
él / ella / Vd.	se levanta
nosotros/as	nos levantamos
vosotros/as	os levantáis
ellos / ellas / Vds.	se levantan

¿A qué hora **se levanta** Pepe?
¿Cuándo **os ducháis** vosotros?

11 ARTÍCULOS DETERMINADOS E INDETERMINADOS

el profesor	**la** mochila
los profesores	**las** mochilas
un móvil	**una** videoconsola
unos móviles	**unas** videoconsolas

Tengo **un** móvil nuevo
¿Dónde están **las** mochilas de las niñas?

12 NÚMEROS

1	uno	22	veintidós
2	dos	23	veintitrés
3	tres	24	veinticuatro
4	cuatro	25	veinticinco
5	cinco	26	veintiséis
6	seis	27	veintisiete
7	siete	28	veintiocho
8	ocho	29	veintinueve
9	nueve	30	treinta
10	diez	31	treinta y uno
11	once	32	treinta y dos
12	doce	40	cuarenta
13	trece	50	cincuenta
14	catorce	60	sesenta
15	quince	70	setenta
16	dieciséis	80	ochenta
17	diecisiete	90	noventa
18	dieciocho	100	cien
19	diecinueve	101	ciento uno
20	veinte	200	doscientos
21	veintiuno	300	trescientos

400	cuatrocientos
500	quinientos
600	seiscientos
700	setecientos
800	ochocientos
900	novecientos
1000	mil
2000	dos mil

*Jorge tiene **quince** años y Amelia, **dieciséis**.*
*Esta televisión cuesta **seiscientos veinticinco** euros.*

13 ORDINALES

● Los adjetivos ordinales tienen cuatro terminaciones. Además **primero** y **tercero** pierden la **o** final ante un nombre masculino singular.

1º	primero primera primeros primeras (primer)
2º	segundo/a/os/as
3º	tercero/a/os/as (tercer)
4º	cuarto/a/os/as
5º	quinto/a/os/as
6º	sexto/a/os/as
7º	séptimo/a/os/as
8º	octavo/a/os/as
9º	noveno/a/os/as
10º	décimo/a/os/as

*Nosotros vivimos en el **tercero** izquierda.*
*Eduardo es el **tercer** hijo de Ana y Luis.*

14 INTERROGATIVOS

¿**Qué** ropa te gusta más?
¿**Cómo** se llama la profesora nueva?
¿**Quién** tiene mi bolígrafo?
¿**Dónde** están Carlos y Rosa?
¿**Cuándo** es tu cumpleaños?
¿**Cuánto** cuesta este móvil?
¿**Cuánta** leche quieres?
¿**Cuántos** libros tienes?
¿**Cuántas** chicas hay en esta clase?
¿**Por qué** estás enfadado?
¿**Cuál** es tu número de móvil?
¿**Cuáles** son tus compañeros?

TRANSCRIPCIONES

UNIDAD 1
VOCABULARIO

1 Ej. 3, pág. 6

A	B	C	D	E
F	G	H	I	J
K	L	M	N	Ñ
O	P	Q	R	S
T	U	V	W	X
Y	Z			

2 Ej. 5, pág. 7
- ¿Cómo te llamas?
- Jesús Jiménez.
- ¿Con *g* o con *j*?
- Con *j*.

- ¿Cómo te llamas?
- Pedro Álvarez.
- ¿Con *b* o con *v*?
- Con *v*.

- ¿Cómo te llamas?
- Elena Haro?
- ¿Con *h* o sin ella?
- Con *h*.

3 Ej. 8, pág. 7

¡Hola! Me llamo Daniel y tengo doce años. Soy de Sevilla, en el sur de España. Mi padre es mecánico y mi madre es camarera.

¡Hola!, ¿qué tal? Me llamo Beatriz y tengo trece años. Soy de Barcelona, junto al mar Mediterráneo. Mi hermano Juan tiene ocho años y es muy buen estudiante.

GRAMÁTICA

4 Ej. 8, pág. 9

Hotel, helado, hospital.

5 Ej. 9, pág. 9

Hola, hoja, humo, huevo, hache, ahora, hijo.

6 Ej. 10, pág. 9

¿Cómo se escribe *hola*?
¿Qué significa *humo*?
¿Cómo se dice en español *orange*?

COMUNICACIÓN

7 Ej. 1, pág. 10

JORGE: ¡Hola!, ¿qué tal? Me llamo Jorge. Y tú, ¿cómo te llamas?

GRACIELA: ¡Hola, me llamo Graciela! Tengo trece años y soy argentina.

JULIA: ¡Hola! Me llamo Julia y tengo catorce años. Mi número de teléfono es 91 506 23 57. ¿Cuál es tu número de teléfono?

PABLO: ¡Hola!, ¿qué tal? Me llamo Pablo. Tengo doce años. Y tú, ¿cuántos años tienes?

8 Ej. 4, pág. 10

Uno, dos, tres, cuatro, cinco, seis, siete, ocho, nueve, diez, once, doce, trece, catorce, quince, dieciséis, diecisiete, dieciocho, diecinueve, veinte.

9 Ej. 8, pág. 11

1 ¿Qué tal? Soy española, de Sevilla, en el sur de España. Me llamo Rocío. Tengo doce años, pero pronto cumpliré los trece. Si deseas llamarme, mi número de teléfono es 645 98 34 21.

2 Hola! ¿Cómo están?, me llamo Augusto y tengo trece años. Mi hermano se llama Juan y tiene quince años. Mi número de teléfono es 91 856 49 21.

3 ¡Hola! Soy de Madrid. Me llamo Iván y tengo 14 años. Me gustaría que me llamaseis a mi teléfono. Es el 91 577 64 32.

DESTREZAS

10 Ej. 2, pág. 12

BINGO
A-11; A-2; C-6; C-3; E-7; B-4; D-7; E-6; D-10; A-1; C-11; B-20.

UNIDAD 2
VOCABULARIO

11 Ej. 1, pág. 14

1 México. 2 Cuba. 3 República Dominicana. 4 Puerto Rico. 5 Honduras. 6 Nicaragua. 7 Guatemala. 8 El Salvador. 9 Costa Rica. 10 Panamá. 11 Venezuela. 12 Colombia. 13 Ecuador. 14 Perú. 15 Bolivia. 16 Chile. 17 Argentina. 18 Uruguay. 19 Paraguay. 20 España.

12 **Ej. 3, pág. 14**

El español es una lengua muy importante internacionalmente. Es la lengua oficial de España, México, los países de América Central y la mayoría de los países de América del Sur. Es la tercera lengua más hablada del mundo, pues la hablan más de 350 millones de personas. En Estados Unidos es el segundo idioma, donde se usa frecuentemente en la radio y la televisión. El español también se llama «castellano» porque nació en Castilla, en el centro de España.

13 **Ej. 5, pág. 15**

Lunes, martes, miércoles, jueves, viernes, sábado, domingo.

14 **Ej. 6, pág. 15**

Primero / primera, segundo / segunda, tercero / tercera, cuarto / cuarta, quinto / quinta, sexto / sexta, séptimo / séptima, octavo / octava, noveno / novena, décimo / décima.

15 **Ej. 8, pág. 15**

Ciencias Naturales, Ciencias Sociales, Educación Física, Francés, Lengua, Español, Matemáticas, Música, Educación Plástica, Religión, Informática.

COMUNICACIÓN

16 **Ej. 1, pág. 18**

PROFESORA: ¡Hola, buenos días!
ALUMNOS: ¡Buenos días!
PROFESORA: Esta es la compañera nueva. Habla español como nosotros, pero no es española.
Siéntate en esta mesa, al lado de Julia.
JULIA: ¡Qué bien! Somos compañeras. ¿Cómo te llamas?
GRACIELA: Me llamo Graciela.
JULIA: ¿De dónde eres, Graciela?
GRACIELA: Yo soy argentina, pero mis padres son españoles.

(Saliendo de clase)
JULIA: ¿Dónde vives en Argentina?
GRACIELA: En Buenos Aires.
JULIA: Y aquí, ¿dónde vives?
GRACIELA: En la calle de Cervantes, cuarenta y tres. ¿Y tú?
JULIA: En la Plaza Mayor.
GRACIELA: ¡Qué cerca! ¿Vamos a la biblioteca?
JULIA: Vale, vamos.

17 **Ej. 5, pág. 18**

Veintiuno, veintidós, veintitrés, veinticuatro, veinticinco, veintiséis, veintisiete, veintiocho, veintinueve, treinta, treinta y uno, treinta y dos, treinta y tres, cuarenta, cincuenta, sesenta, setenta, ochenta, noventa, cien.

18 **Ej. 6, pág. 19**

a trece. **b** setenta y cinco. **c** veintidós. **d** treinta y siete. **e** ochenta y cuatro. **f** cuarenta y uno.

19 **Ej. 8, pág. 19**

● ¿Vamos al parque?
■ No, al parque no.
● ¿Vamos al cine?
■ Vale, vamos.

20 **Ej. 10, pág. 19**

A, E, I, O, U.

21 **Ej. 11, pág. 19**

Azul, casa, mesa, policía, escribir, matemáticas, lápiz, Pepe, Pili, mamá, beber, vivir, tonto, uno.

DESTREZAS

22 **Ej. 3, pág. 20**

Mira, estos son Rubén y Violeta, son mexicanos, de Puebla. Son compañeros de clase, estudian en el mismo Instituto.
Rubén tiene doce años y Violeta, trece. A Rubén le gusta la Historia y el fútbol. A Violeta le gustan las Matemáticas y también le gusta el fútbol. Los sábados y los domingos vamos los tres (ellos y yo) al campo a jugar al fútbol.

UNIDAD 3

VOCABULARIO

23 **Ej. 1, pág. 22**

Abuelo, abuela, madre, padre, tío, tía, hermano, hermana, primo, prima.

24 **Ej. 2, pág. 22**

¡Hola! Soy David y este es el árbol genealógico de mi familia. Mi abuelo se llama Carlos y mi abuela Juana. Tienen tres hijos: Alicia, que es mi madre, mi tío Roberto y mi tía Carmen, que es la más pequeña de los tres hermanos.
Mi tío Roberto está casado con mi tía Pilar; los dos son médicos y tienen dos hijos, que son mi primo Álvaro y mi prima Paloma. Álvaro tiene seis años y Paloma doce.
Mi tía Carmen no está casada. Es profesora.
Mi padre se llama Luis y trabaja en un banco.
Nacho es mi hermano mayor y María es mi hermana pequeña.

25 **Ej. 3, pág. 22**

1 Carlos y Juana son los abuelos de David.
2 Alicia y Luis son los padres de David, María y Nacho.

3 Alicia es la mujer de Luis.
4 Luis es el marido de Alicia.
5 David y Nacho son sus hijos.
6 María es su hija.

26 Ej. 6, pág. 23

Javier Rodríguez es madrileño. Vive en Getafe, un pueblo cerca de Madrid. Javier tiene un hermano pequeño, se llama Fernando y en la misma casa vive también Manolo, su abuelo. El padre de Javier es camionero, y de lunes a viernes trabaja fuera de Madrid. La madre, Catalina, cuida de todos. Javier estudia el segundo curso de Educación Secundaria Obligatoria en el instituto de su barrio.

27 Ej. 8, pág. 23

Leonora es una india arahuaca. Vive en un pueblo en la montaña colombiana. Allí los niños no estudian en el colegio porque no hay, pero sus padres les enseñan las tradiciones indias. El hermano pequeño de Leonora se llama Miguel. Su madre lo lava en el río. Su padre tiene una vaca y vende plátanos en los pueblos vecinos. Las mujeres y las niñas bordan mochilas con dibujos de la naturaleza: animales, plantas... Todos los arahuacos tienen mochilas bordadas. En Colombia viven un millón de indios. Los arahuacos son unos 18 000.

COMUNICACIÓN

28 Ej. 1, pág. 26

JULIA: Mira, Graciela, estos son mis primos Pablo y Jorge.
GRACIELA: ¡Hola!, ¿qué tal?, ¿cómo están?
PABLO Y JORGE: ¡Hola!, ¿qué tal?
JULIA: Son hijos de la profesora de música.
GRACIELA: ¿Ah, sí? ¿La señorita Aurora es su madre?
JORGE: Sí, y mi hermana Irene también estudia en este colegio.
PABLO: ¿Y tú?, ¿tienes hermanos?
GRACIELA: Sí, tengo un hermano. Vive en Buenos Aires con mis padres. Yo vivo aquí con mis tíos.
JULIA: ¿Sabes? Pablo y Jorge viven cerca de tu casa. ¿Qué hora es?
PABLO: Son las once y media. ¡A clase!
JULIA: ¿Dónde vamos esta tarde?
JORGE: Después de comer vamos a casa del abuelo. ¿Te vienes, Graciela?
GRACIELA: ¡Bárbaro!
JULIA: ¡Qué bien! Así te enseñamos su casa.

29 Ej. 5, pág. 26

Son las tres y cinco.
Son las tres y diez.
Son las tres y cuarto.
Son las tres y veinte.
Son las tres y veinticinco.
Son las tres y media.
Son las cuatro menos veinticinco.
Son las cuatro menos veinte.
Son las cuatro menos cuarto.
Son las cuatro menos diez.
Son las cuatro menos cinco.
Son las cuatro en punto.

30 Ej. 6, pág. 27

● ¿Qué hora es?
■ Son las once y media.

● ¿Qué hora es?
■ Son las dos y veinte.

● ¿Qué hora es?
■ Es la una y cuarto.

● ¿Qué hora es?
■ Son las siete menos diez.

31 Ej. 8, pág. 27

Azul, bicicleta, cinco, marzo, zapato.

32 Ej. 10, pág. 27

Cine, once, zumo, zoo, baloncesto, ciclismo, ciudad, zona, pizarra, habitación.

DESTREZAS

33 Ej. 3, pág. 28

Señoras y señores, les informamos de la programación de Televisión Española para hoy sábado. A las tres de la tarde, *Telediario 1*, programa informativo. A las tres y media, *Vuelta Ciclista a España*, decimotercera etapa. A las cuatro y media, documental sobre «*El león africano*». A las cinco y media, *Club Megatrix*, programa infantil que incluye los dibujos animados de *Tiny Toons*. A las siete en punto, fútbol, partido entre Real Madrid y Barcelona. Por la noche, a las nueve y media, cine, hoy tenemos una película de *Superman*. Y por último, a las once, *Música clásica*, concierto de Beethoven desde el Auditorio de la Comunidad de Madrid.

UNIDAD 4

VOCABULARIO

34 Ej. 1, pág. 32

Plátanos, zanahorias, zumo, pollo, huevos, pasta, calamares, naranjas, pan, manzanas, trucha, filetes, tomates, queso, leche.

35 Ej. 4, pág. 33

PAQUI: ¿Qué compramos? ¿Quieres que comamos carne?
LUIS: No, a mí no me gusta la carne. Mejor, pasta.
PAQUI: ¿Con tomate?
LUIS: Sí, a mí me gusta la pasta con queso y tomate,

como la comen los italianos.
PAQUI: A mí me gusta más con verduras.
LUIS: ¿Tomamos fruta de postre?
PAQUI: Sí, yo quiero un plátano.
LUIS: Para mí, una manzana. Las manzanas son muy ricas y tienen muchas vitaminas.
PAQUI: ¿Y para beber?
LUIS: Yo quiero zumo de naranja.
PAQUI: Yo siempre como con agua.

COMUNICACIÓN

36 **Ej. 1, pág. 36**
PABLO: ¿Qué hay hoy de comer?
JORGE: Tenemos paella.
JULIA: ¿A ti te gusta, Graciela?
GRACIELA: Sí, me gusta mucho.

PABLO: ¿Jorge, quieres agua?
JORGE: Sí, gracias.
JULIA: ¿Me pasas el pan, por favor?
JORGE: Sí, toma.

PABLO: ¡Umm! ¡Qué rica! La paella es mi comida favorita.
JULIA: La mía es el arroz con tomate.
GRACIELA: Y la mía, la carne a la parrilla.
JORGE: Pues a mí no me gusta la carne; son más ricos los macarrones.

JULIA: De postre hay fruta o helado. ¿Queréis plátanos?
JORGE: No, gracias, mejor una manzana.
GRACIELA: Yo quiero un helado.
PABLO: Tengo una sorpresa para todos: ¡rosquillas del abuelo!

37 **Ej. 5, pág. 37**
• ¿Te gusta la música?
■ Sí, me gusta mucho. / No, no me gusta mucho.

• ¿Te gustan las matemáticas?
■ No, no me gustan nada.

38 **Ej. 8, pág. 37**
/r/: pe**r**a, na**r**anja, a**r**aña
/r̄/: pe**rr**o, pi**z**arra, a**rr**oz; **R**osa, **R**amón

39 **Ejs. 9 y 10, pág. 37**
Toro, reloj, rueda, radio, zanahorias, jirafa, macarrones, compañera, regla, amarillo.

DESTREZAS

40 **Ej. 2, pág. 38**
RAMÓN: A ver, Celia, ¿a ti qué te gusta?
CELIA: Bueno, a mí me gusta mucho el pollo, las patatas fritas, los macarrones...
RAMÓN: ¿Y la fruta, te gusta?
CELIA: Sí, pero no mucho. Como sobre todo plátanos y uvas.
RAMÓN: ¿Y el pescado?
CELIA: Umm... sí, el pescado sí me gusta. Lo que no me gustan nada son las verduras ni las ensaladas. Y tú, Ramón, ¿a ti qué te gusta comer?
RAMÓN: Pues yo como de todo: carne, patatas, pasta...
CELIA: ¿Y te gustan también las verduras?
RAMÓN: Sí, también. Y las ensaladas me encantan.
CELIA: ¿Qué fruta te gusta más?
RAMÓN: Pues... los plátanos.
CELIA: ¿Y el pescado?
RAMÓN: No, eso sí que no me gusta nada. Nunca como pescado.

UNIDAD 5

VOCABULARIO

41 **Ej. 1, pág. 40**
1 recibidor. 2 salón-comedor. 3 cocina. 4 cuarto de baño. 5 dormitorio. 6 terraza. 7 jardín.

42 **Ej. 2, pág. 40**
1 [ronquidos]. 2 [ducha]. 3 [friendo huevos]. 4 [cubiertos]. 5 [pájaros].

43 **Ej. 3, pág. 40**
Comedor: mesa, lámpara, alfombra, sillas, sillón, cuadros, televisión, sofá, teléfono.
Cocina: fregadero, armarios, lavadora, frigorífico, cocina.
Cuarto de baño: espejo, lavabo, ducha, bañera.
Dormitorio: estantería, cama, ordenador, póster.

44 **Ej. 8, pág. 41**
Hoy en día, más de la mitad de la población mundial vive en ciudades. Pero en otros lugares del planeta hay paisajes de arena, hielo o bosques donde también vive el hombre.

1 Pedro es español y vive en Madrid con su familia. Los habitantes de su ciudad viven en bloques de pisos y apartamentos o en chalés adosados o individuales.
2 Akhaya vive en el Sahara, el desierto más grande del mundo. Su familia es nómada y vive en tiendas sobre la arena.
3 Ikalé es una india brasileña y vive en la selva del Amazonas, la más grande del mundo. Vive en una cabaña construida sobre troncos de madera, al lado del río Amazonas.
4 Vera vive en Groenlandia, al lado del Polo Norte. Tienen el invierno más frío del mundo. Viven en casas de hielo, que se llaman «iglús».
5 Betty es irlandesa. Vive con su familia en una pequeña granja con muchos animales, al lado de un lago.

GRAMÁTICA

45 **Ej. 4, pág. 42**
¡Mario, esta habitación es un desastre! Coloca cada cosa

en su sitio antes de la cena: los libros encima de la mesa, para preparar la cartera; la chaqueta detrás de la puerta, en la percha; los zapatos al lado de la cama: luego los limpiamos. Ese coche, debajo de la mesa; siempre está por el medio. La pelota, delante de la cartera, que mañana tienes partido y cuando termines, a la ducha.

COMUNICACIÓN

46 Ej. 1, pág. 44
ABUELO: ¡Hola, chicos!
JULIA: ¡Hola, abuelo! Mira, esta es nuestra amiga Graciela.
ABUELO: ¡Hola! ¿Qué tal?
GRACIELA: Bien, gracias.
PABLO: Abuelo, ¿dónde está mi madre?
ABUELO: Está arriba, en la cocina. ¿Queréis la merienda?
JORGE: Primero, vamos a enseñarle la casa a Graciela.

JULIA: Este es el salón. Todos los muebles son muy antiguos. Este baúl es de mi bisabuelo. La mesa y la lámpara son de una tienda de antigüedades.
GRACIELA: ¿Y este piano?
PABLO: Es el piano de la abuela. Julia y Jorge practican aquí todas las tardes.
JORGE: Vamos a ver el comedor.

LA MADRE DE JORGE: ¡Hola, chicos! ¿Queréis un vaso de leche?
PABLO: Sí, vale; y subimos a la habitación a jugar con el ordenador.
LA MADRE DE JORGE: De acuerdo. Yo subo la merienda a la terraza.

GRACIELA: ¡Qué casa más grande!
JULIA: ¿Cómo es tu casa de Buenos Aires?
GRACIELA: Vivimos en un departamento de cuatro habitaciones con un pequeño balcón. Vamos a mi casa y les enseño unas fotos… Pero… ¿dónde están mis llaves?... ¡Ah! Están encima de la mesa de mi habitación.

47 Ej. 4, pág. 45
• ¿Dónde está mi madre?
▪ Está en la cocina.
• ¿Dónde están mis hermanos?
▪ Están en el colegio.

48 Ej. 6, pág. 45
• ¿Cómo es tu casa?
▪ Mi casa es grande y moderna.

49 Ej. 8, pág. 45
- ja, je, ji, jo, ju
- ge, gi

50 Ej. 9, pág. 45
Julio, jugar, Japón, jirafa, jamón, giro, gema, rojo, jefe, página.

DESTREZAS

51 Ej. 4, pág. 46
LUIS: Pedro, ¿tú vives en una casa o en un piso?
PEDRO: Yo vivo en un piso, cerca de la playa.
LUIS: ¿Es grande?, ¿cuántos dormitorios tiene?
PEDRO: Bueno, no es muy grande, tiene tres dormitorios, un salón comedor, una cocina y un cuarto de baño.
LUIS: ¿Tienes terraza?
PEDRO: Sí, tengo una terraza con muchas plantas. Me gustan mucho las plantas. Además, desde la terraza veo la plaza.
LUIS: ¿Y tienes garaje o plaza de aparcamiento?
PEDRO: No. Mi padre aparca el coche en la calle.
LUIS: Elena, ¿tú vives en una casa o en un piso?
ELENA: Yo vivo en una casa de pueblo muy grande.
LUIS: ¿Grande? ¿Cuántos dormitorios tiene?
ELENA: Tiene cuatro dormitorios. Hay un salón comedor, una cocina grande, y dos cuartos de baño.
LUIS: ¿Tienes terraza?
ELENA: Bueno, tenemos un patio con muchas plantas y un garaje para aparcar el coche.
PEDRO: Y tú Luis, ¿cómo es tu casa?
LUIS: Bueno, yo vivo en un chalé adosado en un pueblo a 15 kms de Valencia.
PEDRO: ¿Cuántos dormitorios tiene tu casa?
LUIS: Tiene 4 dormitorios en la planta de arriba. Abajo hay un salón-comedor, una cocina y un baño. Arriba hay otro cuarto de baño.
PEDRO: ¿Tienes terraza o jardín?
LUIS: Sí, tenemos un jardín pequeño. También tenemos una cochera para aparcar el coche y la bicicleta.

UNIDAD 6

VOCABULARIO

52 Ej. 1, pág. 48
1 museo. **2** oficina de correos. **3** biblioteca. **4** parque. **5** farmacia. **6** polideportivo. **7** instituto. **8** estación de tren. **9** hotel. **10** iglesia. **11** librería. **12** supermercado. **13** cine. **14** restaurante.

53 Ej. 8, pág. 49
- Yo soy el médico del pueblo. Todas las mañanas voy al hospital. Algunos domingos también trabajo.
- Todos los clientes me pagan al hacer la compra, porque soy la cajera del supermercado. Siempre estoy sentada.
- Los sábados y los domingos trabajo como camarero en el restaurante del pueblo. Si quieres una buena paella, ven a verme.
- Soy profesora en el instituto del pueblo. Enseño español a mis alumnos.
- En otoño recojo las hojas de los árboles en el parque. Soy el jardinero y cuido de las plantas.
- ¿Te gusta leer? Si quieres un libro, yo te lo dejo. Soy la bibliotecaria y estoy todas las tardes en la biblioteca hasta las ocho y media.

- Los domingos la iglesia está siempre abierta. Yo soy el sacerdote y trabajo en ella.
- En mi librería tengo las últimas novedades. Yo soy la librera y vendo los libros a mis clientes.
- Soy el farmacéutico. Vendo las medicinas para los enfermos. Mi farmacia está abierta las 24 horas.

GRAMÁTICA

54 Ej. 8, pág. 51
1.º Corta un tubo de cartón en tres trozos.
2.º Recorta tres círculos de plástico adhesivo.
3.º Pega cada círculo en uno de los extremos de cada tubo.
4.º Pinta los tambores con los colores vivos.
5.º Pégalos entre sí con cinta adhesiva. Ahora vamos a la plaza a bailar al ritmo del tambor.

COMUNICACIÓN

55 Ej. 1, pág. 52
GRACIELA: ¡Hola! ¿A dónde vas?
JORGE: Voy a la biblioteca. Necesito un libro para la clase de Naturales. ¿Vienes conmigo?
GRACIELA: Bueno, pero… ¿a qué hora cierra?
JULIA: A las ocho y media.
PABLO: Tenemos tiempo. Vamos ahora mismo.

BIBLIOTECARIA: ¡Hola, chicos! Tengo un trabajo para vosotros: el próximo mes es la Fiesta Mayor y el Ayuntamiento publica una revista sobre el pueblo. ¿Por qué no ayudáis?
JULIA: ¡Estupendo! ¿Qué hacemos?
BIBLIOTECARIA: Todo vale: entrevistas, reportajes, noticias… Un poco de imaginación y a trabajar.

JULIA: Yo necesito un cuaderno para las entrevistas.
JORGE: ¿Ah, sí? Hay una papelería en la calle Zapateros.
JULIA: ¿Sí? ¿Cuál?
PABLO: Sí, una que está al lado de la farmacia.
GRACIELA: ¿Cómo vamos, caminando o en bici?
JORGE: Mejor en bici. Yo voy a la oficina de correos y entrevisto al cartero. Pablo, ¿tú a dónde vas?
PABLO: Yo voy a la granja del tío Justo para fotografiar a sus animales.
JULIA: Nosotras vamos al polideportivo y a la pizzería nueva. Por cierto, ¿a qué hora abren?
JORGE: A las siete. Vamos ahora y nos llevamos una pizza para cenar.

56 Ej. 8, pág. 53
Abuelo, vienes, vamos, bien, bueno, ven, vivimos, bebemos.

DESTREZAS

57 Ej. 3, pág. 54
1 Escribe el nombre de tu profesora dentro del rectángulo.
2 Dibuja dos casas dentro de un círculo.
3 Dibuja un triángulo.
4 Escribe el número cinco dentro del triángulo.
5 Escribe tu apellido.
6 Subraya tu apellido.
7 Dibuja un cuadrado.
8 Dibuja un sol al lado del cuadrado.
9 Escribe la palabra *barrio* debajo del cuadrado.
10 Y por último, escribe tu nombre y tu apellido aquí.

UNIDAD 7

VOCABULARIO

58 Ej. 1, pág. 58
Enero, febrero, marzo, abril, mayo, junio, julio, agosto, septiembre, octubre, noviembre, diciembre.

59 Ej. 3, pág. 58
En España hay muchas fiestas, pero las más importantes para nosotros son las siguientes: el día de Año Nuevo, que es el uno de enero. Luego viene el día de Reyes Magos, que es el 6 de enero, por la noche los Reyes traen los regalos a los niños.
Más tarde, en marzo, es el Día del Padre, exactamente el día 19, cuando se celebra el día de San José. El Día de la Madre es el primer domingo de mayo. La Fiesta Nacional española se celebra el 12 de octubre, que es cuando Cristóbal Colón llegó a América.
Otra fiesta muy importante para nosotros los cristianos es la Navidad, que como en todo el mundo celebramos con nuestras familias el 25 de diciembre. Y para mí es importantísimo el día de mi cumpleaños, claro, que es el 12 de diciembre. ¿Cuándo es tu cumpleaños?

60 Ej. 4, pág. 59
1 vaca. 2 oveja. 3 león. 4 elefante. 5 serpiente. 6 delfín. 7 gallina. 8 cerdo. 9 mono. 10 tiburón. 11 caballo.

61 Ej. 6, pág. 59
1 [vaca]. 2 [oveja]. 3 [cerdo]. 4 [gallina].

62 Ej. 7, pág. 59
Rayo acaba de nacer. Su madre, la yegua, lava al potro de los pies a la cabeza. Rayo se despierta y respira con más fuerza. Una hora después se pone de pie. ¡Qué largas y delgadas son sus patas!
El primer día, el potro duerme, mama y se vuelve a dormir.
Durante los primeros meses, el potro mama 20 litros de leche al día. También come un poco de hierba. Engorda 1 kilogramo cada día. Juega con su madre en la pradera. Detrás de su simpática y tranquila mirada tal vez se esconde un futuro gran campeón.

COMUNICACIÓN

63 **Ej. 1, pág. 62**
JORGE: Estamos con el tío Justo en su granja. Cuéntanos, ¿a qué hora te levantas?
JUSTO: Todos los días me levanto muy temprano, a las 6, para ordeñar las vacas. Después salgo al campo con el tractor. Llego a casa por la tarde.
PABLO: ¿A qué hora te acuestas?
JUSTO: Cuando llego a casa, riego el huerto y ceno. Después de cenar, veo la televisión y me acuesto.
JORGE: Gracias, Justo. Tu información es muy interesante para nuestros lectores.

JULIA: Estamos en la nueva pizzería. Con nosotros está Gofredo, el cocinero italiano. ¿A qué hora abrís el restaurante?
GOFREDO: Yo vengo a las once de la mañana y preparo todos los ingredientes. Pero el restaurante no se abre hasta la una de la tarde.
GRACIELA: Y por la noche, ¿a qué hora volvés a tu casa?
GOFREDO: La cocina cierra a las once y media de la noche. Pero nosotros nos vamos más tarde. Por cierto... ¿os quedáis a comer?

64 **Ej. 8, pág. 63**
¡Mira, un león!
¡Vamos!
¿A qué hora te levantas?

65 **Ejs. 9 y 10, pág. 63**
1 ¿Qué comes?
2 ¡Qué grande es!
3 ¡Estupendo!
4 ¡Cierra la ventana!
5 ¿A dónde vas?
6 ¿Qué dice Luis?

DESTREZAS

66 **Ej. 2, pág. 64**
Llegan a Madrid los dos osos panda gigantes cedidos por China
Dos osos panda regalados por el gobierno chino a España durante una visita del rey Juan Carlos a China ya están en Madrid.
Los dos pandas, un macho y una hembra, ya viven en el zoo de Madrid y el público los puede visitar, porque ya están adaptados a su nuevo hogar.
Los panda gigantes son una de las especies más amenazadas del mundo. Un total de 1590 ejemplares viven actualmente en China, el único lugar del mundo donde existe la especie. Más de 200 viven en varios zoos fuera de China.
De los dos osos que ya viven en Madrid, el macho, que se llama Bingxing, tiene siete años y pesa 150 kilos, y la hembra, que se llama Hua Zuiba, tiene tres años y pesa 100 kilos. Ambos viven en el zoo de Madrid en un recinto de 1100 metros cuadrados con una casa en forma de pagoda.
El zoo, con un millón de visitantes al año, espera aumentar el número de visitantes con estos dos nuevos vecinos.

UNIDAD 8

VOCABULARIO

67 **Ej. 1, pág. 66**
1 cabeza. 2 mano. 3 brazo. 4 pecho. 5 estómago. 6 pierna. 7 pie. 8 espalda. 9 dedos. 10 cuello.

68 **Ej. 2, pág. 66**
1 ojo. 2 nariz. 3 cara. 4 labios. 5 muelas. 6 dientes. 7 boca. 8 oreja. 9 pelo.

69 **Ej. 4, pág. 67**
El mar Cantábrico, en el norte de España, es un lugar ideal para la práctica del surf, por la altura de sus olas y sus playas magníficas.
Los surfistas utilizan la energía de las olas para deslizarse sobre una tabla.
Las tablas de surf miden unos dos metros y pesan alrededor de tres kilos. El surfista lleva el pie atado a la tabla con una correa. Así, si se cae, no pierde la tabla.

COMUNICACIÓN

70 **Ej. 1, pág. 70**
JULIA: Estamos en el polideportivo. Vamos a entrevistar a Pedro, que va a su clase de natación. Pedro, ¿cómo es tu profesor?
PEDRO: Mi profesor es joven, fuerte y alto. Tiene el pelo rubio y los ojos oscuros. Es muy simpático y hace la clase muy divertida.

GRACIELA: Yo estoy con Ana en su clase de kárate. Ana, contanos de tu profesora.
ANA: Mi profesora es baja y delgada, pero es muy fuerte. Es una persona un poco seria y sus clases son bastante duras.

JULIA: Ya tenemos la entrevista con los alumnos del polideportivo. ¿Y vosotros?
JORGE: Nosotros nos vamos al médico.
GRACIELA: ¿Van a hacer un reportaje en el hospital?
PABLO: No, vamos a la consulta del médico, porque creo que tengo la gripe.
GRACIELA: ¿Qué te duele?
PABLO: Me duele la cabeza y tengo fiebre. También me duelen las piernas.
JULIA: ¿Quieres una aspirina?
PABLO: No, gracias. Mejor voy al médico.

71 **Ej. 7, pág. 71**
Me llamo David y tengo doce años. Estudio en el colegio «Perú». Soy moreno y tengo los ojos negros. Mi hermano se llama Sergio. Tiene siete años y es el por-

tero de su equipo de fútbol. Estudia también en mi colegio. Es rubio y tiene los ojos azules. Se parece mucho a mi madre, que se llama Maribel. También es rubia y tiene los ojos azules. Tiene treinta y ocho años, como mi padre y trabaja con él en la misma oficina. Mi padre es moreno y tiene los ojos negros como yo.

72 Ej. 9, pág. 71
Cuatro, casa, comer, queso, quiero.

73 Ej. 12, pág. 71
Cuando, pequeño, poco, química, quinientos, simpática, Ecuador, calle.

DESTREZAS

74 Ej. 2, pág. 72
MARTA: ¿Sabes que tenemos una profesora de gimnasia nueva? Se llama Ana.
CELIA: ¡Ah, sí? Y ¿qué tal?, ¿cómo es?
MARTA: Bueno, parece simpática.
CELIA: No lo dices muy segura. ¿Es joven o mayor?
MARTA: Ni muy joven ni mayor, tiene unos cuarenta años.
CELIA: ¿Y es alta o baja?
MARTA: Pues… bastante alta y delgada.
CELIA: ¿Es rubia o morena? ¿Cómo tiene el pelo?
MARTA: ¡Cuántas preguntas! Es morena… tiene el pelo largo, liso. Tiene la nariz un poco grande… ¿algo más?
CELIA: Sí, la última pregunta, ¿a ti te gusta?
MARTA: Sí, ya te he dicho que es simpática, pero a Juan no le gusta nada, ya sabes que siempre tiene problemas con los profes.

UNIDAD 9

VOCABULARIO

75 Ej. 1, pág. 74
1 gorra. 2 sudadera. 3 cazadora. 4 vaqueros. 5 corbata. 6 chaqueta. 7 pantalones. 8 zapatos. 9 camisa. 10 jersey. 11 falda. 12 abrigo. 13 bufanda. 14 guantes. 15 chándal. 16 zapatillas de deporte.

76 Ej. 4, pág. 75
DEPENDIENTE: ¡Buenos días! ¿Qué desea?
CLIENTE: ¡Buenos días! Quiero unos pantalones.
DEPENDIENTE: ¿De qué talla?
CLIENTE: Pues, no sé…, de la 38 o 40.
DEPENDIENTE: ¿De qué color los quiere?
CLIENTE: ¿Puedo probarme los azules y los negros?
DEPENDIENTE: Sí, claro; allí están los probadores.

DEPENDIENTE: ¿Qué tal?
CLIENTE: Muy bien, me llevo los negros.
DEPENDIENTE: ¿Desea algo más?
CLIENTE: Sí, quiero una camisa como la del escaparate. ¿Qué precio tiene?
DEPENDIENTE: Esa vale 35 euros.
CLIENTE: Muy bien, me llevo las dos cosas.

77 Ej. 7, pág. 75
Marta hoy lleva unos vaqueros negros, un abrigo verde, una bufanda roja y un gorro rosa.
A Luis le gustan los pantalones vaqueros y las camisas de cuadros.
Celia, por su parte, lleva una falda negra, un jersey rosa y unas botas altas negras.
Por último, Juanma hoy lleva una camisa naranja, unos vaqueros y unas zapatillas negras.

COMUNICACIÓN

78 Ej. 1, pág. 78
JULIA: Bueno, chicos, ¡esta tarde es el gran día! Empiezan las fiestas del pueblo.
JORGE: ¿Y dónde quedamos nosotros?
JULIA: En la Plaza del Ayuntamiento. Allí van a repartir la revista.
PABLO: ¿A qué hora quedamos?
JULIA: ¿A las ocho, no?
GRACIELA: Bueno, nos vemos allá.

GRACIELA: ¡Qué linda pollera!
JULIA: ¿Te gusta?
GRACIELA: ¡Es bárbara! Mirá mis pantalones. ¿Te gustan?
JULIA: Son preciosos. ¿Dónde están Jorge y Pablo? Vamos a buscarlos.

LA MADRE DE JORGE Y PABLO: ¿Con quién fuisteis ayer al baile?
PABLO: Fuimos con los compañeros de clase.
LA MADRE DE JORGE Y PABLO: Y después, ¿dónde estuvisteis?
JORGE: Estuvimos en la feria y después fuimos a tomar chocolate con churros.
PABLO: ¡Mira, mamá! Esta es la revista.
LA MADRE DE JORGE Y PABLO: ¡Ah, gracias! ¡Qué bonita!
JORGE: Es muy interesante. Trae un montón de noticias sobre la gente del pueblo.
LA MADRE DE JORGE Y PABLO: ¡Estupendo! Voy a leerla. Y, ¿cuándo sale el próximo número?
PABLO Y JORGE: ¡Mamá…!

79 Ej. 6, pág. 79
Horrible, sábado, música, lección, catedral, examen, avión, comer, café, estás, ventana, libro, película, periódico, lápiz.

DESTREZAS

80 Ej. 3, pág. 80
Ayer estuve en Segovia con mi amiga Carmen y sus padres. Segovia es una ciudad con mucha historia. Primero fuimos a ver el acueducto. Es una de las construcciones romanas más antiguas y mejor conservadas de España. Después fuimos al Alcázar, preciosa fortaleza medieval. Luego, estuvimos en una terraza de la Plaza Mayor tomando un aperitivo. Por último nos fuimos a Madrid, después de un día maravilloso.

MI CUADERNO DE GRAMÁTICA

UNIDAD 1

¡Hola!

1 Relaciona.

1. ¿Me dejas el diccionario?
2. ¿Cómo te llamas?
3. ¿Eres española?
4. ¿Cuál es tu número de teléfono?
5. ¿Cuántos años tienes?
6. ¿Eres profesor?
7. ¿Eres brasileño?
8. Hola, ¿qué tal?

a. Jorge.
b. Sí, toma.
c. Veinte.
d. Bien, ¿y tú?
e. No, soy francés.
f. El 687 234 590.
g. No, soy italiana.
h. No, soy camarero.

2 Escribe la forma opuesta, femenina o masculina.

Mi profesor es simpático.
Mi profesora es simpática.

1. Este camarero es inglés.
   Esta _____.
2. Mi gato es negro.
   _____.
3. Mi compañera se llama Rosa.
   _____ Pablo.
4. La doctora es muy alta.
   _____.
5. El león es bastante grande.
   _____.
6. Mi amiga Ida es peruana.
   _____ Lucho _____.
7. Este mono es inteligente.
   _____.

3 Completa los huecos con el verbo adecuado.

1. Me llamo Pablo, _____ doce años y _____ madrileño.
2. Yo _____ María, _____ once años y _____ colombiana, de Bogotá.
3. Éste es mi amigo Diego. _____ doce años y _____ andaluz, de Córdoba.
4. Ésta _____ mi amiga Fátima. _____ once años y _____ marroquí, de Rabat.
5. Ésta _____ mi profesora de Inglés. _____ Susan y _____ norteamericana.
6. Mi profesor de Ciencias _____ Carlos, _____ veinticinco años y es catalán, de Barcelona.

4 ¿Qué letra ha desaparecido en cada frase: *h*, *b*, *v*?

1. El __ospital es nue__o.
2. Este __otel no es __arato.
3. Sofía es se__illana.
4. Juan tiene __einte años.
5. Mi __ermana es muy simpática.
6. La letra «__ache» no se pronuncia.
7. Toma mi __olígrafo.
8. ¿Cuántos __ijos tiene Daniel?

5 Clasifica en las columnas estos nombres y apellidos.

Carlos • Sofía • García • Vicente • Hernández
Isabel • Alberto • Martínez • Elena
Andrea • Irene • López • Roberto • Diego
Yasmina • Díaz • Coral • Fuentes

CHICO	CHICA	APELLIDO
Carlos	Sofía	García

UNIDAD 2 Países de habla hispana

Gramática

1 Relaciona.

1. ¿Cuál es tu asignatura favorita? ☐
2. ¿De dónde sois? ☐
3. ¿Cómo se llaman tus padres? ☐
4. ¿De dónde eres? ☐
5. ¿Dónde vives? ☐
6. ¿Vamos a la biblioteca? ☐
7. ¿Hablas español? ☐
8. ¡Hola, buenos días! ☐
9. Hola, ¿cómo estás? ☐

a. Ella es argentina, y yo, española.
b. En la calle Cervantes, veintitrés.
c. Jesús y Lourdes.
d. Bien, ¿y tú?
e. Sí, un poco.
f. Vale, vamos.
g. De Barcelona.
h. Las Matemáticas.
i. ¡Buenos días!

2 Completa.

> En la clase de español hay una televisión, quince estudiant___, quince mochil___, quince diccionari___, veinte sill___, una mes___ para el profesor, varios map___, y muchos bolígraf___ y lápic___.

3 Completa la tabla y, a continuación, completa los huecos.

1. Fidel y Violeta son de Ecuador, son _____.
2. Efraín es de Venezuela, es _____.
3. Graciela y Elena son de Argentina, son _____.
4. Amanda es de Chile, es _____.
5. Víctor y Miguel Ángel son de Santo Domingo, son _____.
6. Ángela es de Panamá, es _____.

4 Reescribe los interrogativos.

1. ¿_____ años tienes?
2. ¿_____ vives?
3. ¿_____ deporte te gusta?
4. ¿_____ chicas hay en tu clase?
5. ¿_____ eres?
6. ¿_____ curso estudias?

5 Completa con el verbo correspondiente *(llamarse, tener, vivir, ser)* en la forma adecuada.

1. Yo _____ Antonio, _____ trece años, _____ español y _____ en Madrid.
2. Mi hermana _____ María, _____ quince años.
3. Éste _____ mi amigo Carlos, _____ mi compañero de clase.
4. Éstos _____ mis amigos Rodrigo y Pilar, no _____ en Madrid. _____ catalanes y _____ en Barcelona.
5. ¿Vosotros _____ compañeros de clase?
6. ¿Tú _____ hermanos?
7. ¿_____ diccionario? (vosotros)
8. ¿Dónde _____? (usted)

6 En cada frase hay un error. Corrígelo.

1. Gloria y Alicia sois muy amables.
2. Toma los bolígrafos rojo.
3. ¿Graciela eres tu compañera?
4. Mis padres son peruano.
5. Me gustan todo los deportes.
6. Ana y Rosa son mis compañera.
7. ¿Tu profesor te llama Pedro?

argentina	argentino	argentinas	argentinos
española			
	chileno		
		cubanas	
			mexicanos

ciento uno **101**

UNIDAD 3 La familia

1 Completa las preguntas.

1 •¿_____ trabaja tu madre?
■ En un banco.
2 •¿_____ _____ vosotros?
■ En la calle Mayor.
3 •¿_____ _____ tu prima?
■ Irene.
4 •¿_____ hermanos?
■ Sí, un hermano y una hermana.
5 •¿_____ _____ tus abuelos?
■ En un pueblo cerca de Madrid.
6 •¿_____ _____? (tú)
■ Un bocadillo.
7 •¿_____ _____ hoy vosotros?
■ En un restaurante.

2 Completa con los verbos del recuadro en la forma adecuada.

trabajar • escribir • hablar (x2) • vivir • tener (x4)
comer (x2) • llamarse (x2) • ser (x3)

1 Mi madre _____ Elena, y mi padre, Juan.
2 Nosotros _____ en casa dos gatos y una tortuga.
3 ¿_____ animales en tu casa? (tú)
4 •¿Qué _____ Isabel?
■ Un correo electrónico a su amiga Sara.
5 •¿Dónde _____ Paco y Miguel?
■ En Barcelona.
6 Mis hijos siempre _____ en el comedor escolar.
7 Mi tío José _____ tres idiomas: inglés, alemán y francés.
8 •¿Cuántos hermanos _____? (tú)
■ Dos.
9 ¿Usted _____ coche?
10 •¿Dónde _____? (tú)
■ En una empresa de ordenadores.
11 Yo _____ por teléfono con mi novio todos los días.
12 •¿Cómo _____ tu novio?
■ Javier.
13 •¿Qué _____ vosotros?
■ Un bocadillo de jamón.
14 •¿Quién _____ ésta de la foto?
■ Mi tía Joaquina.
15 •¿De dónde _____? (tú)
■ De Roma.
16 •¿A qué hora _____ la película de Almodóvar?
■ A las siete y media.

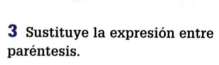

3 Sustituye la expresión entre paréntesis.

1 Jaime vive con (los padres de Jaime) *sus padres* en el sur de España.
2 Susana y (las hijas de Susana) _____ trabajan en un supermercado.
3 ¿(El perro de Ángel) _____ come ensalada?
4 ¿Dónde está (el coche de usted) _____?
5 ¿Cómo se llama (la profesora de Luis) _____?
6 Isabel y (el novio de Isabel) _____ estudian en el mismo instituto.

4 ¿Qué letra falta: *c*/*z*?

1 Pierre, mira a la pi__arra.
2 ¿Te gusta el __ine?
3 Tengo una camiseta a__ul.
4 Mi hermana tiene on__e años.
5 Tus __apatos no están limpios.
6 Toma __umo de naranja.
7 A las __inco viene Juan.

UNIDAD 4 **Comidas y bebidas**

Gramática

1 Relaciona.

1. ¿Quieres un plátano? ☐
2. ¿Te gusta la fruta? ☐
3. ¿Me pasas el pan? ☐
4. ¿Qué hay para comer? ☐
5. ¿Cuántas naranjas quiere? ☐
6. Yo quiero una manzana de postre. ☐

a. Sí, bastante.
b. Lo siento, no hay manzanas.
c. Sí, toma.
d. Paella.
e. No, gracias, no me gustan los plátanos.
f. Un kilo.

2 Forma frases con el verbo *gustar*.

Paloma / fruta / mucho
A Paloma le gusta mucho la fruta.

1 Jaime / verdura / nada
_____.

2 Rosa / pescado / bastante
_____.

3 Antonio / tomates / poco
_____.

4 Susana y Olga / pollo frito / nada
_____.

5 Ángel / guacamole / no mucho
_____.

6 Claudio / carne / no mucho
_____.

7 Mis hijos / pasta con tomate / mucho
_____.

8 Los españoles / naranjas / mucho
_____.

3 Elige la forma adecuada del verbo *querer* o *gustar*.

1 • Pedro, ¿te gustan / quieres los plátanos?
  ■ Sí, mucho.
2 • Lucía, ¿quieres / te gusta una rosquilla?
  ■ No, gracias.
3 Mamá, ya no quiero / me gusta más arroz.
4 A Jorge le gustan / quiere mucho las frutas, pero no le gustan / quiere nada las verduras.
5 Nosotros nos gusta / queremos ver una película después de comer. Nos gustan / Queremos mucho las películas de aventuras.
6 ¿Julia, Laura, os gusta / queréis venir a mi casa después de clase?
7 • ¿A usted quiere / le gusta el fútbol?
  ■ No, nada.
8 Mis padres quieren / les gusta un coche nuevo.
9 A Antonio no quiere / le gusta el coche nuevo de José.
10 Me gustan / Quiero mucho los macarrones con tomate.

4 Completa con un artículo *un / una / unos / unas* o *el / la / los / las*.

1 ¿Quieres ____ naranja de postre?
2 ¿Te gustan ____ bombones?
3 Quiero ____ uvas, por favor.
4 En el frigorífico sólo hay ____ yogur.
5 A mis hijos les gusta mucho ____ carne.
6 Mi hermano quiere ____ hamburguesa.
7 ¿Dónde hay ____ restaurante peruano?
8 A Lorenzo no le gustan ____ bocadillos.
9 En la cocina hay ____ bocadillos para la excursión.

5 Relaciona.

Me gusta/n...

1 los tomates ☐
2 las fresas ☐
3 las uvas ☐
4 la manzana ☐
5 el plátano ☐

a amarillo
b verdes
c rojas
d verde
e rojos

6 ¿Qué letra falta: *r/rr*?

1 a__oz
2 __osa
3 maca__ones
4 ji__afa
5 pe__o
6 pe__a
7 na__anja
8 verdu__a

ciento tres

UNIDAD 5 ¿Dónde están las llaves?

1 Completa con la forma adecuada del verbo *estar* o *haber*.

1 ¿Cuántas sillas _____ en tu dormitorio?
2 ¿Dónde _____ el ordenador?
3 ¿Qué _____ en la cocina?
4 ¿Cuántos niños _____ en la casa?
5 ¿Dónde _____ mis libros?
6 ¿Dónde _____ un póster?
7 ¿Dónde _____ Alfredo?
8 ¿_____ Óscar en la casa?
9 ¿Dónde _____ un espejo?

2 Relaciona las respuestas con las preguntas anteriores.

a Tres o cuatro, no sé. ☐
b Un frigorífico nuevo. ☐
c En la estantería. ☐
d En su dormitorio. ☐
e Sí, creo que está en el salón. ☐
f Sólo una. ☐
g Encima de la mesa de mi padre. ☐
h En la pared de mi dormitorio. ☐
i En el cuarto de baño. ☐

3 Andrés es un chico que vive en una casa algo especial porque los objetos no están en su lugar habitual. Señala si te parecen normales (✔) o raras (✘) las ubicaciones siguientes.

1 Los cuadros de mi padre están debajo de la cama. ☐
2 El ordenador está en la ventana. ☐
3 Los libros de mi hermana están encima de la cama. ☐
4 El balón de fútbol está en la cocina. ☐
5 Mi mochila está en mi dormitorio. ☐
6 Hay dos plantas detrás del sofá. ☐
7 Hay un espejo grande en el dormitorio de mis padres. ☐

4 Completa con la preposición adecuada: *en, de, con*.

1 José vive ___ sus padres ___ Madrid.
2 Mis abuelos están ___ la playa ___ vacaciones.
3 Mis amigos y yo jugamos al fútbol ___ el patio de mi cole.
4 La profesora está ___ la clase ___ Música.
5 Las casas ___ hielo se llaman iglús.
6 Roberto es ___ Buenos Aires, pero vive ___ su mujer ___ Sevilla.
7 Elena juega ___ sus amigas ___ el jardín.
8 Me gustan los bocadillos ___ atún.
9 No me gusta la profesora ___ Física.
10 Yo tengo muchos pósters ___ la pared ___ mi dormitorio.
11 De postre hay tarta ___ chocolate.
12 Mi madre está ___ la oficina ___ la directora.

5 ¿*Ser* o *estar*?

1 • Abuelo, ¿dónde _____ mi madre?
  ■ En el piso de arriba.
2 • ¿De quién _____ esta mochila?
  ■ De Irene.
3 • ¿Cómo _____ tu casa?
  ■ No _____ muy grande, pero me gusta.
4 • ¿Quién _____ ése?
  ■ Mi primo Jorge.
5 • ¿_____ en el equipo de fútbol de tu cole?
  ■ Sí, ¿y tú?
  • Yo también.
6 • ¿Y tus abuelos?
  ■ _____ de vacaciones en la playa.
7 • ¿Hola, cómo _____ ? (vosotros)
  ■ Bien, gracias.
8 Arévalo _____ un pueblo estupendo, _____ en Ávila, España.
9 • ¿De dónde _____ Giulia y Monica?
  ■ De Milán, _____ italianas.
10 • ¿Cómo _____ tus abuelos?
  ■ No muy bien, mi abuela _____ en el hospital.
11 • ¿Quiénes _____ ésas?
  ■ _____ las profesoras nuevas.
12 • ¿Cómo _____ el profesor nuevo?
  ■ Pues _____ simpático.

UNIDAD 6 ¿A dónde vas?

Gramática

1 Elige la opción adecuada.

1 ¿Cómo _____ Pedro a clase?
 a va   b cierra   c vienen
2 ¿A qué hora _____ la piscina?
 a viene   b va   c cierra
3 Elena _____ al cine con Juan.
 a abre   b está   c va
4 Luis y yo _____ a clase andando.
 a venimos   b abrimos   c estamos
5 La biblioteca _____ a las nueve.
 a viene   b abre   c está
6 ¿_____ conmigo al fútbol?
 a Voy   b Vienes   c Ven
7 ¿Cuándo _____ a la librería?
 a vamos   b estamos   c cierra
8 El autobús _____ a las tres.
 a hay   b abre   c viene
9 Roberto _____ al cole en metro.
 a está   b va   c es
10 Mañana no _____ clase.
 a está   b es   c hay

2 Completa con los verbos del recuadro en imperativo.

> venir • dar(me) • mirar • comprar
> cerrar • abrir (x2) • escribir

1 Mamá, _____ la puerta, quiero entrar.
2 Clara, _____ aquí ahora mismo.
3 Leonor, _____ tu diccionario, por favor, lo necesito.
4 _____ la ventana, tengo frío.
5 Óscar, _____ el libro por la página 28.
6 Irene, _____ a la pizarra.
7 Rosa, _____ en tu cuaderno.
8 _____ el pan, por favor.

3 Completa con la preposición adecuada: *en, a (al), de (del)*.

1 Juan y Enrique van _____ coche _____ cole.
2 • ¿_____ qué hora viene María?
 ■ _____ las cuatro y media.
3 • ¿Vamos _____ la granja _____ tío Justo _____ fotografiar _____ los animales?
 ■ Vale.
4 • ¿_____ dónde vas?
 ■ _____ la casa de mis abuelos.
5 Yo siempre estudio _____ mi habitación.
6 ¿Dónde está el bolígrafo _____ mi hermana?
7 Mi hermano es dependiente y trabaja _____ el supermercado de mi barrio.
8 En el barrio _____ mi sueños hay un campo _____ fútbol muy grande.

4 Relaciona.

Me gusta/n...

1 las calles ☐
2 el cole ☐
3 el parque ☐
4 los autobuses ☐
5 la librería ☐
6 el polideportivo ☐

a grande
b rápidos
c llena (de libros)
d tranquilo
e anchas
f limpio

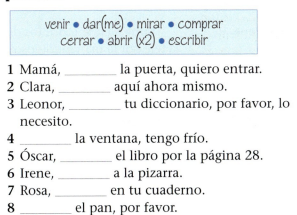

5 En cada frase hay un error de ortografía. Búscalo y corrígelo.

1 No me gusta el elado de fresa.
2 Mi gefe no es español, es colombiano.
3 Luis veve agua durante la comida.
4 Mis abuelos biben en un pueblo.
5 Me gustan mucho las girafas que hay en el zoo.
6 ¿Quieres un uevo frito?
7 ¿Te gusta mi havitación?
8 ¿Vamos a la viblioteca?
9 ¿Cuándo biene Pepe?
10 ¿Dónde está el cuarto de vaño?

ciento cinco **105**

UNIDAD 7 Hábitos

1 Relaciona.

1. ¿A qué hora te levantas?
2. ¿Qué desayunas?
3. ¿Cómo vas al cole?
4. ¿Dónde comes?
5. ¿Haces deporte?
6. ¿Con quién cenas?
7. ¿Ves la tele?
8. ¿Cuánto tiempo ves la tele?
9. ¿Cuándo te duchas?
10. ¿A qué hora te acuestas?

a. Con mis padres y mi hermana.
b. Voy andando, porque está cerca de mi casa.
c. Sí, claro.
d. Sí, juego al baloncesto.
e. Por la noche.
f. En el comedor escolar.
g. A las siete de la mañana.
h. Una hora y media, más o menos.
i. A las once de la noche.
j. Un vaso de leche, un zumo de naranja y una magdalena.

2 Completa con la información de la actividad anterior.

Ángel [1] _____ a las siete de la mañana. [2] _____ un vaso de leche, un zumo de naranja y una magdalena, y [3] _____ al cole andando porque [4] _____ cerca de su casa. [5] _____ en el comedor escolar y por la tarde [6] _____ al baloncesto. Luego [7] _____ la tele, [8] _____ con sus padres y su hermana, [9] _____ y [10] _____ a las once de la noche.

3 Completa con la forma adecuada de los verbos del recuadro.

llegar • ver • acostarse • venir • ir • lavarse
levantarse • salir (x2) • volver • jugar

1. Mi padre _____ de casa para ir a trabajar a las siete y yo _____ a las siete y media.
2. Yo no _____ al fútbol, prefiero el baloncesto.
3. Elena y Marina _____ todos los días a clase de gimnasia rítmica.
4. • ¿A qué hora _____ a tu casa por la tarde?
   ■ A las siete, después de jugar al baloncesto.
5. Pepe _____ tarde a clase todos los días.
6. • ¿_____ la tele por la mañana? (vosotros)
   ■ No, nunca.
7. Los domingos mis abuelos _____ a comer a mi casa.
8. En mi casa todos _____ muy tarde, a las once y media o las doce de la noche.
9. Mi madre es la primera que _____ por la mañana.
10. Mamá, Clara no _____ las manos antes de comer.

4 Elige la forma adecuada.

1. Luisa se levanta / levanta a sus hijos a las ocho.
2. Juan se lava / lava la ropa en la lavadora.
3. Mi padre no se afeita / afeita todos los días.
4. Los niños se acuestan / acuestan a las nueve y media.
5. Mi hija se lava / lava los dientes después de comer.
6. Eduardo se baña / baña a su perro con agua y jabón.
7. Yo me baño / baño en la playa todos los veranos.

5 Escribe los signos correspondientes: interrogación (¿?) o admiración (¡!).

1. Qué quiere Jorge
2. Qué bonito
3. Levántate ya
4. Ven aquí
5. Qué haces esta tarde
6. Lávate las manos

UNIDAD 8 Descripciones

Gramática

1 Elige la opción adecuada.

1. Rosa no le / se pinta los labios nunca.
2. María le / se sienta en el sillón marrón.
3. A Ángel le / se duele la cabeza todos los días.
4. No le / se gustan nada las películas de terror.
5. ¿Le / Se gusta el café con leche? (a usted)
6. ¿Le / Se duele mucho la espalda? (a usted)
7. ¿Por qué le / se levanta ya Pepe?
8. A Román le / se gustan mucho los pasteles de crema.
9. A Anita le / se duele el estómago después de comer.

2 Completa con los pronombres correspondientes.

1. ¿A qué hora ____ acostáis todos los días?
2. ¿A ti ____ duele la espalda alguna vez?
3. Nosotros ____ levantamos muy tarde los domingos.
4. ¿A vosotros ____ gusta el fútbol?
5. Yo no ____ afeito por las mañanas, ____ afeito por la noche.
6. Ellos ____ duchan también por la noche.
7. A mí ____ duele hoy la pierna derecha.
8. ¿A ellos ____ gustan las patatas fritas?
9. A Rosa y Jaime no ____ gusta nada tomar el sol.
10. Pepe no ____ afeita nunca, ahora lleva barba.
11. ¿Vosotros ____ acostáis después de comer?
12. Ellos ____ acuestan siempre a dormir la siesta.

3 Relaciona.

Jorge tiene...

1 el pelo ☐	a	redonda
2 los ojos ☐	b	oscuro
3 las piernas ☐	c	marrones
4 la nariz ☐	d	largas
5 la cara ☐	e	no muy grande

Eva tiene...

1 los ojos ☐	a	alargada
2 el pelo ☐	b	no muy largas
3 las piernas ☐	c	azules
4 la cara ☐	d	chata
5 la nariz ☐	e	oscuro

4 Completa con *muy / mucho/a/os/as*.

1. Mis hijos no tienen _____ juguetes.
2. A Pepe le gustan _____ los macarrones con tomate.
3. Eduardo se levanta _____ tarde los domingos.
4. Nosotros vivimos en una casa ni _____ grande ni _____ pequeña.
5. ¿Has comprado _____ cosas para la fiesta?
6. Mis vecinos tienen _____ dinero.
7. Rosalía va _____ veces al cine.
8. No me gusta esta calle porque tiene _____ ruido.
9. Mi profesor trabaja _____ y gana poco.

5 ¿Qué tipo de palabras son?

→ nombre (o sustantivo)
   común / propio, masculino / femenino

→ adjetivo   → pronombre   → artículo

→ verbo   → adverbio   → preposición

Juan vive bien en una casa muy grande.

Juan	*Nombre propio masculino*
vive	_____
bien	_____
en	_____
una	_____
casa	_____
muy	_____
grande	_____

A María le gustan las películas románticas.

a _____

María _____

le _____

gustan _____

las _____

películas _____

románticas _____

UNIDAD 9 La ropa

Gramática

1 Relaciona.

1. ¿Te gustan mis pantalones?
2. ¿Qué precio tiene esta camisa?
3. ¿Puedo probarme estos vaqueros?
4. ¿Desea algo más?
5. Buenos días, ¿qué desea?
6. ¿De qué talla?
7. ¿De qué color es tu falda?
8. ¿Qué lleva hoy Luis?

a Unos vaqueros y una camiseta roja.
b Sí, claro, allí están los probadores.
c Sí, ¿tienen faldas estrechas?
d De la 36, por favor.
e Roja, ¿y la tuya?
f Quería un abrigo.
g Sí, son preciosos.
h 32 euros.

2 Completa con la forma adecuada del verbo *estar* o *ir*.

1 Ayer Roberto _____ al teatro con sus amigos del barrio.
2 El lunes _____ todos en el Museo del Prado con nuestro profesor de Arte. (nosotros)
3 ¿Dónde _____ el domingo pasado? (tú)
4 ¿Dónde _____ tus padres ayer?
5 ¿A dónde _____ (tú) de vacaciones el verano pasado?
6 Yo no _____ a ningún sitio, me quedé en casa, con mis abuelos.
7 Javier y Marta _____ en mi casa el sábado por la tarde.
8 Ayer _____ al médico porque me dolía mucho la pierna derecha.

4 Escribe las preguntas correspondientes.

1 • ¿_____?
  ■ Juanjo Martínez.
2 • ¿_____?
  ■ Soy francés, de París.
3 • ¿_____?
  ■ Trece.
4 • ¿_____?
  ■ La Lengua y la Música.
5 • ¿_____?
  ■ Sí, tengo un hermano mayor.
6 • ¿_____?
  ■ Las tres y media.
7 • ¿_____?
  ■ A las siete y media de la mañana.
8 • ¿_____?
  ■ No, no me gusta nada.

3 Completa con el interrogativo correspondiente.

1 • ¿_____ trabaja tu hermano?
  ■ En un banco.
2 • ¿_____ es esa señora?
  ■ La bibliotecaria.
3 • ¿_____ fuiste de vacaciones el verano pasado?
  ■ A la playa de Málaga.
4 • ¿_____ deporte te gusta más?
  ■ El ciclismo.
5 • ¿_____ estuvo David el sábado?
  ■ En la fiesta de su pueblo.
6 • Hola, ¿_____ está tu madre?
  ■ Bien, gracias.
7 • ¿_____ se llama el profesor nuevo?
  ■ Arturo.
8 • ¿_____ chicas hay en la clase?
  ■ Doce.
9 • ¿_____ chicos hay en tu clase?
  ■ Diez.
10 • ¿_____ cuesta esta camiseta?
  ■ 20 euros.
11 • ¿_____ fue a tu fiesta de cumpleaños?
  ■ Algunos amigos y compañeros de clase.
12 • ¿_____ quiere postre?
  ■ Yo.
13 • ¿_____ no vienes conmigo a casa de Jorge?
  ■ Porque tengo que hacer los deberes.
14 • ¿_____ es tu color favorito?
  ■ El azul.

MI CUADERNO DE VOCABULARIO

UNIDAD 1

¡Hola!

→ TRADUZCO Y APRENDO

Objetos de la clase	
lápiz	
bolígrafo	
pizarra	
borrador	
regla	
cartera	
diccionario	
libro	
mesa	
silla	

Colores	
azul	
rosa	
negro	
blanco	
verde	
marrón	
rojo	
amarillo	

■ Para comunicarme

1 ¿Cómo te llamas?

2 Me llamo...

3 ¿Cuántos años tienes?

4 Tengo 12 años.

5 ¿Cuál es tu número de teléfono?

→ VOCABULARIO EXTRA

• Relaciona las palabras del recuadro con las fotos. Después tradúcelas.

tijeras • calculadora • sacapuntas • tiza • tablón de anuncios
pegamento • reproductor de CD • estantería • cuaderno
grapadora • borrador de la pizarra • mapa

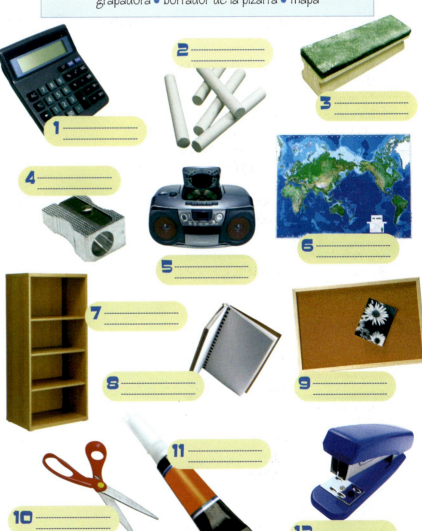

• ¿Qué hay en tu cartera?

En mi cartera hay...

UNIDAD 2 Países de habla hispana

→ **TRADUZCO Y APRENDO**

Países y nacionalidades	
Guatemala	
guatemalteco	
México	
mexicano	
Honduras	
hondureño	
El Salvador	
salvadoreño	
Nicaragua	
nicaragüense	
Cuba	
cubano	
Bolivia	
boliviano	
Uruguay	
uruguayo	
España	
español	
Ecuador	
ecuatoriano	
Puerto Rico	
puertorriqueño	
Costa Rica	
costarricense	

Días de la semana	
lunes	
martes	
miércoles	
jueves	
viernes	
sábado	
domingo	

Asignaturas	
Matemáticas	
Educación Física	
Informática	
Música	
Lengua	
Ciencias Sociales	
Español	
Educación Plástica	
Religión	
Francés	
Inglés	

■ **Para comunicarme**

1 ¡Hola, buenos días!

2 ¡Qué bien!

3 ¡Qué cerca!

4 ¿Vamos a la biblioteca?

5 No, a la biblioteca no.

6 Vale, vamos.

→ **VOCABULARIO EXTRA**

● Relaciona las palabras del recuadro con los diferentes lugares señalados en el mapa. Después tradúcelas.

> Norte ● Europa ● América del Sur ● Océano Atlántico
> América del Norte ● África ● Océano Pacífico ● Este ● Asia
> Oeste ● América Central ● Oceanía ● Sur

1 _____ 8 _____
2 _____ 9 _____
3 _____ 10 _____
4 _____ 11 _____
5 _____ 12 _____
6 _____ 13 _____
7 _____

● Escribe seis frases sobre países y continentes.

Chile y Argentina están en América del Sur.

1 _____   4 _____
2 _____   5 _____
3 _____   6 _____

UNIDAD 3 La familia

VOCABULARIO

→ TRADUZCO Y APRENDO

familia	
abuelo	
abuela	
madre	
padre	
hermano	
hermana	
tío	
tía	
primo	
prima	
padres	
marido	
mujer	
hijo	
hija	
sobrino	
sobrina	

verbos	
hablar	
comer	
vivir	
estudiar	
escribir	
trabajar	
tener	
ser	

■ Para comunicarme

1 ¡Hola! ¿Qué tal?

2 ¿Ah, sí?

3 ¿Y tú?

4 ¿Sabes?

5 ¿Qué hora es?

6 Es la una de la tarde.

7 Son las diez de la mañana.

8 ¿A qué hora es?

→ VOCABULARIO EXTRA

● Relaciona las palabras del recuadro con las fotos. Después tradúcelas.

> quedar con los amigos ● ver la televisión ● hacer deporte ● ir al cine
> aprender a cocinar ● leer ● ordenar mi habitación ● escuchar música
> jugar con el ordenador ● dibujar ● ir de compras ● visitar a la familia

1
2
3
4
5
6
7
8
9
10
11
12

● ¿Qué hacen las personas de tu familia en su tiempo libre? Escribe seis frases como la del ejemplo.

Mi padre lee el periódico.

1 _____ 4 _____
2 _____ 5 _____
3 _____ 6 _____

UNIDAD 4 Comidas y bebidas

→ **TRADUZCO Y APRENDO**

Comidas y bebidas			
filetes		uvas	
zumo		trucha	
pasta		naranjas	
leche		huevos	
pan		manzanas	
queso		flan	
zanahorias		tomates	
cebolla		plátanos	
patatas		pollo	
mantequilla		pescado	
agua		fruta	
hamburguesa		carne	
bocadillo		verduras	
azúcar		pera	
sal		melocotón	
chocolate		helado	
paella		tarta	
macarrones		ensalada	

Para comunicarme

1 ¿Me pasas la sal, por favor?

2 Sí, toma.

3 ¡Qué rico!

4 ¿Quieres agua?

5 Sí, gracias.

6 No, gracias; mejor un zumo.

7 ¿Te gusta el baloncesto?

8 Sí, me gusta mucho.

9 No me gusta mucho.

10 No, no me gusta nada.

→ **VOCABULARIO EXTRA**

- Relaciona las palabras del recuadro con las fotos. Después tradúcelas.

jamón • miel • cereales • salchichas • salmón • tortilla de patatas • limones
gambas • piña • aceitunas • maíz • huevos fritos

- ¿Qué alimentos lleva tu pizza favorita? ¿Y tu hamburguesa?

PIZZA _____

HAMBURGUESA _____

112 ciento doce

UNIDAD 5 ¿Dónde están las llaves?

VOCABULARIO

→ **TRADUZCO Y APRENDO**

Partes de la casa
salón	
comedor	
terraza	
recibidor	
cocina	
jardín	
cuarto de baño	
dormitorio	

Tipos de casa
piso	
apartamento	
chalé adosado	
chalé individual	
tienda de campaña	
cabaña	
iglú	
granja	

Adjetivos
grande	
pequeño	
nuevo	
viejo	
cómodo	
incómodo	
moderno	
antiguo	
bonito	
feo	

Mobiliario
mesa	
espejo	
lámpara	
fregadero	
armarios	
cama	
estantería	
frigorífico	
alfombra	
lavabo	
lavadora	
cocina	
cuadros	
ducha	
ordenador	
sillón	
sillas	
teléfono	
bañera	
sofá	
televisión	

→ **VOCABULARIO EXTRA**

● Relaciona las palabras del recuadro con las fotos. Después tradúcelas.

balcón ● toalla ● chimenea ● garaje ● horno ● friegaplatos ● tejado
mesilla ● cojín ● florero ● buhardilla ● despacho

■ **Para comunicarme**

1 ¡Qué casa más grande!

2 Sí, vale.

3 ¿Cómo es tu casa?

● Escribe seis frases sobre las cosas que haces en las distintas habitaciones de tu casa.

Escucho música en mi habitación.

1 _____ 4 _____
2 _____ 5 _____
3 _____ 6 _____

ciento trece **113**

UNIDAD 6 ¿A dónde vas?

→ TRADUZCO Y APRENDO

Lugares, edificios y comercios
restaurante	
hotel	
iglesia	
parque	
instituto	
museo	
farmacia	
biblioteca	
cine	
polideportivo	
supermercado	
oficina de correos	
librería	
estación de tren	

Preposiciones
detrás	
delante	
al lado	
entre	
enfrente	
cerca	
a la izquierda	
a la derecha	

Profesiones
médico	
cajera	
bibliotecario	
sacerdote	
camarero	
profesor	
librera	
jardinero	
farmacéutico	

Verbos
cerrar	
ir	
venir	
abrir	
pegar	
cortar	
tomar	
mezclar	
pintar	
aprender	
recortar	
bailar	

■ Para comunicarme

1 ¿A dónde vas? _____
2 ¿Vienes conmigo? _____
3 ¿A qué hora cierra? _____
4 ¡Estupendo! _____
5 ¿Sí? ¿Cuál? _____
6 ¿Por qué no ayudáis? _____

→ VOCABULARIO EXTRA

● Relaciona las palabras del recuadro con los dibujos en su forma correcta. Después tradúcelas.

> taxista ● cartero/ra ● camionero/ra ● granjero/ra ● informático/ca
> policía ● enfermero/ra ● vendedor/ra de periódicos ● veterinario/ria
> barrendero/ra ● bombero/ra ● conductor/ra de autobús

A _____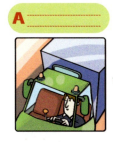
 B _____
C _____
 D _____

E _____
 F _____
G _____
 H _____

I _____
 J _____
K _____
 L _____

● Escribe seis frases sobre las profesiones de las personas de tu familia.

Mi tío es cartero.

1 _____   4 _____
2 _____   5 _____
3 _____   6 _____

UNIDAD 7 **Hábitos**

VOCABULARIO

→ TRADUZCO Y APRENDO

Meses del año	
enero	
febrero	
marzo	
abril	
mayo	
junio	
julio	
agosto	
septiembre	
octubre	
noviembre	
diciembre	

Animales	
vaca	
león	
elefante	
oveja	
cerdo	
caballo	
delfín	
serpiente	
mono	
delfín	
gallina	
yegua	
potro	

Verbos	
levantarse	
lavarse	
acostarse	
sentarse	
ducharse	
bañarse	
vestirse	
afeitarse	
salir	
llegar	
volver	
jugar	

■ **Para comunicarme**

1 ¡Mira, un león!
   _____

2 ¡Vamos!
   _____

3 ¡Qué pequeño es!
   _____

4 ¿Qué haces cuando llegas a casa?
   _____

5 ¿Qué dice el tío Justo?
   _____

→ VOCABULARIO EXTRA

● Relaciona las palabras del recuadro con las fotos. Después tradúcelas.

cabra • pato • foca • tigre • toro • cigüeña • loro • pingüino • flamenco • hipopótamo • oso • cocodrilo

1 _____

2 _____

3 _____

4 _____

5 _____

6 _____

7 _____

8 _____

9 _____

10 _____

11 _____

12 _____

● Describe 6 animales, como en el ejemplo.

   El oso es grande. Tiene cuatro patas y el pelo oscuro o blanco.

1 _____   4 _____
2 _____   5 _____
3 _____   6 _____

UNIDAD 8 Descripciones

→ TRADUZCO Y APRENDO

Partes de la cabeza	
oreja	
ojo	
cara	
pelo	
nariz	
labios	
dientes	
muelas	
boca	

Partes del cuerpo	
cabeza	
brazo	
pecho	
mano	
estómago	
dedos	
pierna	
pie	
cuello	
espalda	

Adjetivos			
alto		simpático	
bajo		antipático	
guapo		corto	
feo		largo	
delgado		rizado	
gordo		liso	
joven		rubio	
mayor		moreno	

■ Para comunicarme

1 ¿Cómo es tu amigo?

2 ¿Cómo tiene los ojos?

3 ¿Qué te duele?

4 Me duele la cabeza.

5 Tiene las manos muy grandes.

6 Tiene las manos bastante grandes.

7 Tiene las manos un poco grandes.

→ VOCABULARIO EXTRA

● Relaciona las palabras del recuadro con las fotos. Después tradúcelas.

desordenado • tímido • generoso • perezoso • ordenado • serio
educado • nervioso • tranquilo • maleducado • inteligente • amable

 1 _____
 2 _____
 3 _____

 4 _____
 5 _____
 6 _____
 7 _____
 8 _____
 9 _____
 10 _____
 11 _____
 12 _____

● Describe a seis personas de tu familia o amigos.

Mi hermano es generoso y amable, pero es muy perezoso.

1 _____ 4 _____
2 _____ 5 _____
3 _____ 6 _____

UNIDAD 9 La ropa

VOCABULARIO

→ TRADUZCO Y APRENDO

ROPA			
abrigo		sudadera	
cazadora		zapatos	
zapatillas de deporte		pantalones	
falda		bufanda	
jersey		camisa	
chaqueta		vaqueros	
gorra		chándal	
guantes		camiseta	
corbata		vestido	

INTERROGATIVOS	
¿Quién?	
¿Cuándo?	
¿Dónde?	
¿Qué?	
¿Cuál?	
¿Cuánto?	
¿Por qué?	

■ Para comunicarme

1 Ayer por la mañana.

2 La semana pasada.

3 Hace un mes.

4 ¿Qué desea?

5 ¿De qué talla?

6 ¿Puedo probarme...?

7 ¿Desea algo más?

8 ¿Qué precio tiene?

9 ¿Dónde quedamos?

10 ¿A qué hora quedamos?

→ VOCABULARIO EXTRA

● Relaciona las palabras del recuadro con los dibujos y después tradúcelas.

gafas de sol ● trineo ● bolso ● calcetines de lana ● bañador ● pendientes
gorro de lana ● forro polar ● chanclas ● sombrero de paja ● mochila ● botas

● ¿Qué ropa te pones en las distintas estaciones del año?

invierno _____ verano _____
primavera _____ otoño _____

ciento diecisiete **117**

notas

notas